教育思想双書 1

他者の喪失から感受へ

近代の教育装置を超えて

田中智志

勁草書房

はしがき

一九八〇年代にバブリーな学生時代を過ごしたせいか、いま・ここのこの感覚、つまりアクチュアルな感覚をどうすれば言語化できるだろうか――ずいぶん前から、このやっかいな問題を考えつづけてきた。これさえ言語化できれば、規律化のみならず発達・主体・未来を絶対視する近代的な学校教育を簡単に批判することができる、とそれこそ簡単に考えていた。

アクチュアルな感覚はけっして教えられない、というのが気に入っていた。アクチュアルな感覚は、言語によって表象される〈もの〉（物象態）ではないからであり、アクチュアルな感覚は、遂行的に紡ぎだされていく〈こと〉（推移態）であるからである。

むろん、アクチュアルな感覚を表象することはできる。たとえば、「アクチュアルな感覚とは、抵抗によって生みだされる感覚である」というふうに。しかし、そのように言語化（表象）してしまった瞬間に、つまり、対象化してしまった瞬間に、じっさいのアクチュアルな感覚は、その定義からするりと逃れてしまうのだ。

しかし、これはとてもやっかいなことだった。まったくどうしようもなかった。あれこれ書き散らしてみたけれども、ここから先に、一歩も進まなかったのである。

しかし、ここ数年、どうも自分は、アクチュアルな感覚そのものに興味があるのではないらしい、ということがわかってきた。アクチュアルな感覚とどこかでつながっている「原郷世界」（佐藤正英『隠遁の思想』筑摩書房）のようなもの、自分がいま・ここにこうして存在していることに依りどころを与えるもの、おそらく多分にメタ理論的なものこそが、ほんとうに言語化したいものだ、と思うようになった。

一〇年以上、読みつづけてきたフーコー、ルーマンは、この依りどころを考えるうえであまり役にたちそうになかったので、他の有名な哲学者の本も繙くことにした。

ヴィトゲンシュタインを読むと、自分がいま・ここにこうして存在していることに依りどころを与えるものは、語ってはいけないらしかった。「語りえないことについては、沈黙しなければならない」のだそうである。

ハイデガーを読むと、大きく視界がひらけてきた。しかし、どこか、「原郷世界」のまわりをぐるぐる回っているという気がした。デリダを経由しながら読みなおすと、印象がかなり変わったが、それでも隔靴掻痒の状態は変わらなかった。

大森荘蔵氏の本を読んだ。「これだ」と思った。「風情」という概念に貴重な手がかりを見つけたと思った。しかし、続きをぜひ読みたいと思っていた矢先に、氏はなくなった。

どうも、うまくいかなかった。また、手づまりになってしまった。

そうこうしているうちに、矢野智司氏（京都大学）から『自己変容の物語』を送ってもらった。バタイユをふまえた彼の生成論は、じつにおもしろかった。バタイユの本といえば、『エロティシズム』しか読んだことはなかったが、他の本も読んでみよう、と思うようになった。

そして、亀山佳明氏（龍谷大学）から『子どもと悪の人間学』をお送りいただいた。一面識もない私に、しかもわけのわからないことばかり吹いている私に、高名な（教育）社会学者がなぜだろう、といぶかりながら、その本を読んだ。視界が広がった気がした。社会学と人間学との架橋というのは、なるほどこういうふうにやるのかと、納得してしまった。

たぶん、矢野智司氏、亀山佳明氏の本を読まなければ、いま・ここのこの感覚と原郷世界とのつながりをつかむことはできなかっただろうし、この本をまとめることはできなかっただろう。できたとしても、ずいぶん先のことになったはずである。

機能システムが自己運動し、社会が流体化するなかで、近代教育はほとんど時代遅れになってしまった。にもかかわらず、教育システムは、学力論争のような教育論争を糧にしつつ、なぜか時代遅れの近代教育を再生産しつづけている。

こうした情況のなかで、今、何をキーワードにして、子どもの生長にかかわる営みを考えればよいか――これが本書の基本的な問いである。この問いに答えるために、生の悲劇性、他者の個体性、関係の冗長性、悲劇の感覚、驚異の感覚――この五つをキーワードにしてみた。どれも、教育を根本的に変革するための重要な概念だと思う。

本書の企画は、勁草書房の伊藤真由美さんからいただいた。伊藤さんとは『教育思想事典』以来のおつきあいだが、本当にありがたいお話だった。期待に応えられるものができたかどうか、いささか不安だが、これが今現在、私の精一杯の到達点である。

二〇〇二年六月七日

田中智志

目次

目　次

目　次

序論　教育システムに寄生する——他者を喪う社会

1　子どもはコントロールできない

「どうすれば」という問いばかり

教育にかんする議論の多くは、教育方法にかんするものである。もっとも、それは、ここ数年の日本における趨勢というよりも、ここ一〇〇年の近代国家における趨勢である。一九世紀末期から二〇世紀初期にかけて登場した「進歩主義教育思想」(アメリカ)、「改革教育学」(ドイツ) 以来、教育の学術的研究は、社会学・心理学・経済学の知見を取り入れ、視野を大きく広げてきた。しかし、これらの教育諸科学の成果をふまえた教育論であれ、あるいはそれを無視した教育論であれ、教育論といえば、結局、教育方法論だった。そして、一〇〇年前も現在も、教育論の内容はあまり変わっていない。

たとえば、どうすれば、市民化と国民化とを同時に達成できるかという議論。どうすれば、個性化と社会化とを同時に達成できるかという議論。どうすれば、ゆとりと学力向上とを同時に達成できるかという議論。どうすれば、子どもの自発的な学びと教師の専門的な教授とを同時に達成できるかという議論、……。教育については、だれもがこうした二項対立図式をつくり、「どうすれば」「どうすれば」と問うばかりである。

この「どうすれば」という教育論を展開する人たちは、じつにすぐれたバランス感覚をもっているように見える。というのも、教育論が、対立する教育方法の一方にすこしでも傾こうものなら、ここぞとばかりに、多くの教育批判が噴出してくるからである。ここ一〇年くらいの日本の教育改革論を例にとれば、最初のうちは、「知育偏重のつめ込み教育」は間違いで、「学び中心のゆとりの教育」は正しい、だったが、このところ(二〇〇〇年から現在まで)は、「基礎学力を形成しないゆとりの教育」は間違いで、「公共性とともに国際競争力を形成する教育」は正しい、である。*

＊　ちなみに、二〇〇〇―〇一年度にアメリカの公立学校は、五五億三〇〇〇万ドルを教育方法のために費やしている(それは、子ども一人あたり約一一七ドルの支出である)。そのうちの六七パーセントがハードウェアの購入費用、二〇パーセントがソフトウェアの購入費用、そして残りの一四パーセントが教員の教育技術開発費用である(*Principal*, 2002 May, p. 51)。

「どうすれば」という問いの前提

ところで、こうした「どうすれば」という教育論は、ある素朴な命題を前提にしている。それは〈子どもはコントロールできる〉という命題である。すなわち、未熟な子どもの行動・思考を成熟した大人は操作できる、という信念である。教育学者が「教育的意図」「教育的配慮」「教育的指導」といった教育学用語によってかたる教育的な営みはすべて、この〈子どもはコントロールできる〉という命題を前提にしている。

この、子どもの操作可能性の命題は、しかしだれかが確かめた命題ではない。「子どもの操作可能性にかんする実証的な研究」をやった人など、どこにもいない。子どもの操作可能性は、ただ前提にされてきただけである。教育という近代的な営みにとって、子どもの操作可能性は、疑うことのできない絶対的な命題である。いいかえるなら、子どもの操作可能性を前提にしなければ、すべての教育方法が不可能なものになってしまうのである。

一九七〇年代まで、子どもの操作可能性という命題を前提にしていても、さして大きな問題はおこらなかった。事実上、子どもの多くは、操作可能な存在に近かったからである。たとえば、はじめて学校に入った子どもでも、しばらくすると、教室に入ってきた教師の表情や仕草を見ただけで、自分の席にすわり、前を向き、静かにしていなければならない、と察することができた。目上の人に怒られれば、自然と「ごめんなさい」とちぢこまった。つまり、子どもたちが教室的な雰囲気、教育的な雰囲気を簡単に察知し、つくりだすことができた。

しかし、およそ一九八〇年代になると、教師にとって、高校生・大学生はしだいに操作可能な存在ではなくなりはじめ、一九九〇年代になると、小学生・中学生までもが、操作可能な存在ではなくなりはじめた。いわゆる「学級崩壊」の始まりである。子どもたちは、教師が大声をだしても、猫なで声でなだめすかしても、気に入らないと思えば、教師の指示・思惑を無視するようになった。一九九〇年代以降、子どもを教師の意図どおりに操作できたとすれば、それは幸運か偶然によるもので、けっして教師の教育技術や教育方法によるものではないことを、教師たちは実感するようになった。つまり、一九八〇年代・九〇年代に、教育方法論では解決できない根本的な教育問題が立ち現れてきた。

しかし、教育方法では解決できない根本問題の出現に、教育について声高に議論する評論家たち、社会学者たち、そして教育学者たちの多くは、気づいていないように見える。教育方法論では解決できない教育問題が登場したにもかかわらず、多くの教育の論議は、いまだに「どうすれば」の論議にとどまっているからである。そして売れるのは、「こうすれば、学級崩壊をなくせる！」「学力低下をくいとめる！」といった内容の本ばかりである。教育を語る人びとは、あいかわらず、子どもの操作可能性という教育の大前提を疑わないまま、子どもの操作不可能性という教育の大問題を解決しようとしているように見える。[*]

＊　熊倉伸宏は、次のように述べている。「心の臨床とは、悩みを持った心を変化させることだ、と多くの［精神医学の］専門書に書いてある。しかし、この種の解説は、きわめて誤解を招きやすい。少なくとも自殺予防に関しては、ほぼ誤りに近い。この説明を鵜呑みにした若い治療者は、治療者たるものは心を変化させる技術をもつべきだと思いこんでしまう。……このとき、治療者は患者と同じ病理に陥っているのである。治療者は、自分の住んでいる日常世界に患者を連れもどすことが患者を助けることだと錯覚するのである」（熊倉伸宏 2000: 149）。相手にたいする操作可能性が成り立たないと

いういみでは、子どもの教育も心の臨床も同じなのかもしれない。

教育方法論から教育装置論へ

現代日本——改めて述べるが、ポストモダン社会というよりも、ハイパーモダン社会といえるだろう——における教育問題をきちんと理解するためには、すくなくとも、次の二つの概念を明確に区別しておいたほうがいいと、思う。①子どもをコントロールする教育方法、②子どもをコントロールする方法を実現可能に見せる教育装置、この二つである。

教育装置は、教育方法をささえる土台のようなものである。教育方法は、たとえば、授業の仕方、注意の仕方、励まし方などである。これらに対応する教育装置は、いくつかあるが、とりわけ「授業を受ける」という子どもの態度、「注意をきく」という子どもの態度、「励まされる」という子どもの態度である。こうした子どもの教育受容という態度は、社会全体におよぶ近代的な社会構造・意味世界に埋め込まれている生活様式であり、それは、近代的な社会構造・意味世界が大きく失われることによって、失われてしまうものである。

一九八〇年代以降の子どもの変容を考えるとき、社会的な規模で論じるべき主題の一つは、教育方法ではなく教育装置である、と思う。本当に教育において問題になっていることは、「どうすれば意図したとおりの結果が得られるか」とか、「意図した結果を得るために子どもを統制するべきか否か」といったことではなく、「子どもがコントロールできない状況において、子どもの成長にいかに配慮するか」「教師に権威を感じない子どもの成長に、教師がどのようにかかわるか」だからである。端的にいえば、今、教育を論じようとする人は、現代日本社会の子どもの多くが、教師にも親にも、学問にも国家にも権威を見いださず、他人からさしずされることを嫌悪する傾向にあること、つまり脱教育装置化しつつあることを、忘れないほうがいい。

今、問われているものが教育方法ではなく教育装置（の喪失）であるなら、教育についての議論の仕方を大きく変えなければならない。これまでは、教師の意図どおりの教育効果が得られないのは、「人間性に反した教育をしたからだ」とか、「子どもの個性に沿った教育をしていないからだ」とか、いわれてきた。つまり、これまでは、教育方法を問題にしていればよかった。しかし、教育装置（の喪失）が問題であるなら、いくら教育方法を考えても、現代の教育問題を解決することはできないだろう。

2　教育的関係のゆらぎ

教師の権威の失墜

これまでの教育装置、つまり子どもたちの教育受容という態度は、教師は厳しく命令し・あたたかく指導し、そうした命令・指導に、子どもはすなおに・よろこんで従うという関係、いわゆる「教育的関係」を生みだしてきた。それは、形式的な社会学用語を用いていえば、教師と子どもとの「非対称的な関係」である。

教育装置（教育的関係）は、しかしそれだけで成り立っていたのではない。その背後には、近代社会全体におよぶ位階的秩序があった。それは、国家／民衆、公／私のような、公事性にもとづく上下関係、学問／俗習、教養／無知のような、学知にもとづく上下関係、上級生／下級生、先輩／後輩、年功序列のような、年齢にもとづく上下関係、夫唱婦随、亭主関白のような、ジェンダーにもとづく上下関係である。近代日本社会に登場した教師は、これらのうち、とりわけ公事性、学知にもとづく上下関係を前提にして、子ども・親のうえに位置していた。社会全体に広がっていた公事性・学知・年齢・ジェンダーによる位階的秩序が、教育の権威、子どもの教育受容という態度、つまるところ、教育装置をむりなく創りだしてきた。

かつての教師の権威（後ろ盾）を実質的に奪ってしまったのは、社会の変化であり、社会の変化を敏感に感じとり内面化していった子ども・若者たちである。図式化していえば、一九七〇年代後半から一九八〇年代に、子ども・若者のあいだに意味の脱文脈化を愉しもうとするポップ感覚が広がり、つづく一九八〇年代末から一九九〇年代前半に、先の見えてしまった人生を諦めてしまう浮遊感覚が広がった（田中智志 近刊）。これらの感覚は、一見、似ているように見えるが、大きく異なっている。それは、ポップ感覚は位階的秩序を前提にしているが、浮遊感覚は位階的秩序を前提にしていないことである。浮遊感覚にとらわれた子ども・若者にとって、教師は、給仕する人なのに指図する人である。

ポップ感覚から浮遊感覚へという子ども・若者の生活感覚の変化は、機能的秩序が社会全体におよぼうとしていることを示していると思う。あとで詳しく述べるが、それは、たとえば、どんなに勤続年数が長くても役に立たない者は容赦なく切り捨てる「リストラ」「社会福祉の削減」のように、人の評価・価値が機能の遂行に役に立つかどうかだけで決定されてしまう傾向である。一九八〇年代のレーガノミックス、サッチャーリズムの模倣に見える一九九〇年代後半からの日本の「ネオリベラリズム」は、こうした社会の全面的な機能的分化の一環と考えるべきだろう（第1章参照）。

伝達という幻想

社会の全面的な機能的分化によって教師の権威が失われるとき、子どもたちは、なんともエゴイスティックな存在に見えてくる。子どもたちは、「なんで、サラリーマンのアンタのいうこと、きかなきゃなんないの」という気持ちをあからさまに示すからである。

エゴイスティックに見える子どもの姿は、しかし社会的コミュニケーションが、そのまま学校にもちこまれた結果にすぎない。以前の教師は、子どもの位階的秩序の受容に助けられて、社会的コミュニケーションに見いだせるような、人と人との相互の予期の予期、すなわち相手は何を考えているのかとたがいにさぐりあい、それにもとづいて発話・沈黙・思考することを怠けることができた。しかし、位階的秩序が失われてしまえば、否が応でも、教師は、教師と子どもの相互の予期の予期を意識しなければならない。

いいかえるなら、エゴイスティックに見える子どもの姿は、旧来の教育的関係において前提にされていた言語ゲームの規則――〈言葉の意味は伝わる〉という規則が成り立たないことを示している。これまでの教師は、多くの場合、自分のいった言葉（の意味）は、自分が手渡す物のように子どもに伝わる、と考えていた。この意味伝達という考え方は、しかし安易なメタファーの産物である。自分の発した言葉は、自分の解読装置ごと相手に手渡されないからである。〈言葉の意味は、コミュニケーションに参加する人によって、それぞれ個別的に理解される〉と考えるべきである。子どもたちが位階的秩序を受容しているときは、子どもたちが〈先生のいったことは何が何でもわからなきゃいけない〉と思い込んでいたから、子どもそれぞれの個別的な理解の生成がほとんど目立たなかっただけである。

つまり、学ぶ者と教える者とは、根源的に非対称的関係にある。ただし、一方が権威者で他方が従属者といういみで、ではなく、一方がいいたいことを他方が理解する保障はどこにもないというイみで。したがって、「教育テクノロジー」といえるような、完全な意味伝達の方法はありえない。にもかかわらず、教える者は、理解をうながそうとして子どもたちに話しかける。いいかえるなら、教えることは、それがどれほど入念に準備されていたとしても、うまくいくかどうかわからないというイみで、つねに賭けであらざるをえない（第2章参照）。

3　近代教育学批判の問題

人間学的還元と教育学的還元

ところで、社会の全面的な機能的分化によって教育そのものが成り立ちにくくなるなかで、それに追い打ちをかけるように、教育学内外からも教育そのものを成り立ちにくくする議論が登場してきた。それは、フーコーの歴史的存在論であり、デリダの脱構築であり、ルーマンのシステム論である。これらの言説の敵は、なによりも啓蒙期のドイツ・フランスの思想に由来する人間学的な人間像であり、教育学的な子ども像だった。

フーコー、デリダ、ルーマンによれば、旧来の人間学は他者を誤解しつづけてきたし、旧来の教育学も子どもを誤解しつづけてきた。人間学も教育学も、一八世紀の末に生まれた近代的な学問である。一九世紀から二〇世紀にかけて、人間学が大学の講座になることは少なかったが、その中身は哲学の講座、教育学の講座において語られてきた、といえるだろう。

フーコー、デリダ、ルーマンによれば、旧来の人間学は、他者を主体(自分)の意識のなかに還元し、主体の意識が構築する人間という概念にもとづく他者像を他者と誤認しつづけてきた。つまり、他者は、その個体性を無視され、「人間性」という一般概念に解消されてきた。本当の他者は、主体の意識によって理性的——人間学的・心理学的に——に言語化されるものではなく、知覚——

視覚・聴覚・触覚など——によって同時的に把握されるものでもない。どういえばいいのかわからないが、しいていえば、本当の他者は逃げ水のようなもので、概念化しようとすればするりと逃れてしまうアクチュアリティである。

旧来の人間学の人間概念・他者概念を脅かすものがなかったわけではない。既存の秩序を越境する言語、意識を左右する身体、性愛のような抗しがたい欲動、とにかく受け入れるほかない人の死など、主体の意識・意思を超えるものによって、人間学のとなえた人間の発達（社会の進歩）、個人の自律性（人間の主体性）が幻想であることがしばしば暴かれた。いいかえるなら、つねに前に進み支配しようとするテクノロジーの陰にかくされていた生の悲劇性（複雑性）が、テクノロジーへの幻滅とともに、しばしばその姿を露わにした。

旧来の教育学も同じように、子どもを教育者の意識のなかに還元し、教育的意図にもとづいて構築される子ども像をほんとうの子どもと誤認してきた。どんな教育学の教科書にも、「児童理解」「生徒理解」は重要で、「児童の個性」「生徒の個性」「一人ひとりの多様性」を大事にしなければならない、と書かれていた。しかし、そこで語られる「児童」「生徒」「個性」は、すべて操作可能な子どもという枠に収まる児童・生徒・個性である。つまり、これまでの教育学がかたってきた子どもは、ほとんどの場合、教師にとっての本当の他者ではなく、教師の教育的意識にある他者像にすぎなかった。

しかも、教育学の場合、人間学とちがい、子どもの他者性（代替不可能な個体性）が露わになることがあっても、それによって子どもの操作可能性が幻想であると暴かれることは、ほとんどなかった。何百万人もの新入生が毎年、学校に入学し、毎日、何時間も授業をうけ、行事に参加し、毎年、卒業していく。こうした教育システムの轟然たる営みのかげで、教育の外部にいた子ども――他者としての子ども――は、事実上、忘れられてきた。この一〇〇年ものあいだ、教育システムが大規模に制度化され世界化されていくとともに、子どもの見えにくさは、ますます見えにくくなってきたといえるだろう。

近代教育学批判の落とし穴

ところで、人間学批判をそのまま教育学に導入して、近代教育学批判を行っている研究者がいる。たとえば、教育人間学の本場であるドイツの教育学界には、この種の研究者が少なくない。そうした研究者――たとえば、レンツェン(Lenzen, Dieter)、エルカース(Oelkers, Jürgen)――が登場したのは、およそ一九八〇年代である(現在も活躍中である)。彼らは、フーコー、デリダ、ルーマンによる人間学批判をふまえて、人間は自分で自分を正当化する根拠をもっていないと論じ、したがって自己実現・主体形成を絶対の理念として語ることはできない、と論じてきた(Masschelein 1991a, 1991b; Lenzen 1996, 1999)。

しかし、こうしたドイツの近代教育学批判は、あらぬ誤解を人に与えているように見える。というのも、ドイツの近代教育学批判は、多くの場合、旧来の人間学的な前提をとりはらうだけで、多様な可能性にみちた教育世界が到来するかのような印象を、人に与えてしまうからである。いいかえるなら、リベラリズムが語ってきた自律的な個人（主体的な人間）、個人の発達（人間の完成）といった人間像を否定すれば、そこに多様で豊饒な人間が生まれ、自然にともに学びあうかのような印象を人に与えてしまうからである。

人間学的な前提をとり払ったからといって、薔薇色の教育世界が開かれるわけではない。なぜなら、人間学的な前提の前提を、現代社会の全面的な機能的分化が激しく浸食しているからである。あとであらためて述べるが、関係の冗長性、他者の個体性、生の悲劇性（複雑性）という人間学的な前提の前提は、高進しつづけ全面展開する機能的分化によって掘り崩されているからである。自律的な個人（主体）だけでなく、ごくふつうの一応良心のある人間、たとえば「動機なき殺人」に走らない人間は、関係の冗長性、他者の個体性、生の悲劇性（複雑性）の了解によって支えられてきた。こうした前提条件が陥っている危機的な情況について、ドイツの近代教育学批判は、ほとんど気づいていないように見える。

つまり、問題は、社会の全面的な機能的分化によって教育方法の成立が困難になっていること、教育的関係が成り立ちにくくなっていることだけではない。問題は、社会の全面的な機能的分化によって、関係の冗長性、他者の個体性、生の悲劇性（複雑性）の了解が喪われつつあることでもある。人間学的な前提への攻撃は、その攻撃の意義を保証する関係の冗長性、他者の個体性、生の悲劇性（複雑性）の了解が喪われゆくなかで、無用無益な攻撃となりつつあるのである。いわばフーコー、デリダ、ルーマンの攻撃によって破壊され再生されるべきものが、社会構造によってただ破壊されるままになっている(第3章参照)。

心と癒しのバブル

しかし、すくなくない日本人は、一九九〇年代に、人間学的な前提の前提が機能的分化によって掘り崩されていることに、何となくではあっても、気づいていたと思う。というのも、一九九〇年代半ばから、陰湿かつ集団的ないじめ、行きたいのに行けない不登校、凶悪な少年犯罪、家から出られない引きこもりなどを背景にしながら、「心の教育」「カウンセリング・マインド」の必要性が叫ばれたからであり、「ヒーリング・ミュージック」「アロマ・セラピー」などの「癒し」のアイテムが、売れ線の商品になったからである。

しかし、一九九〇年代半ばから始まった心のバブルも、すでにはじけ始めている。心を大事にするために心を分析したり理解しようとすることは、有効な方策ではないからだろう。「心の教育」というときに人びとの求める「心」は、人の内面をあれこれ詮索してみてもけっして見つからない。その「心」は、他者との関係のなかでのみ生じるからである。人びとの求める「心」は人間的な感情であり、それは私の他者にたいする感情である。他者のいないところでいくら「心」を求めても、「心」はけっして手に入らないだろう。

「心」を大事にするために「心」を詮索することと同じように、自分を癒すために癒しの商品を買うことも、有効な方策ではない。ヒーリング・ミュージック、アロマ・セラピーなどの、癒しを目的とする商品を買い込み、部屋中に妙な臭いを充満させ、水の流れる音や宇宙の息吹をあらわすというニューエイジ系の音楽を流しても、人はけっして癒されないからである。人を癒すものは、他者との関係のなかにしかない（そして、人を苛むものも、他者との関係のなかにある）。人びとの求めている癒しは、感情的な修復であり、感情的な修復は、私の他者にたいする関係の修復である。他者のいないところでいくら癒しを求めても、癒されることはけっしてないだろう。

つまり、機能的分化による関係の冗長性の衰退、他者の個体性の忘却、生の悲劇性（複雑性）の忘却に対処するために、心と癒しのバブルに身を浸すことは、あまり効果のない対処療法のように見える。大事なことは、心を生みだし人を癒してくれるはずの他者が、構造的な理由で、私たちからますます遠のいていること、この現実をはっきり把握することだと思う。子どもたちだけでなく、私たちの多くも、他者とかかわるかわりに機能システムに依存することに慣れ親しんでいるという現実をよく考えることだと思う。

からだとことばの復権

心と癒しのバブルに似たものが、今また始まろうとしている。それは、「からだとことばの復権」である。このところ、教育学者・文学者が「身体感覚を失った子どもたちに身体感覚をとりもどさせよう」、「日本語のすばらしさを知らない子どもたちに日本語のすばらしさを教えよう」、さらにプラトンのように、[*]「すばらしい文学作品を声に出して暗唱すれば、子どもたちは、からだもことばもとりもどすことができる」と、主張している。

＊ プラトンは、『パイドロス』のなかで声に出して語られる言葉（パロール）こそが、真の言葉であり、魂に書きこまれる言葉である、と述べている。

二〇〇〇年あたりから、しばしばマスコミで取りあげられるようになった身体文化論は、現代社会を生きる子どもたちの身体文化の乏しさ・ゆがみへの警鐘であり、対応である。たとえば、すぐに倒れる子どもがいるために、子どもを立たせて朝礼をすることができない、という現実がある。また、学力が低下しているというよりも、若者たちが言葉を信用していない、という現実がある。こうした現実に危機感を抱く人は、少なくない。たとえば、教育学者の斉藤孝もその一人だろう。彼は、「かつては日常的に鍛えられていたが、現在は消え去りつつある身体文化を、もう一度カリキュラムとして再構成するべき時が来ている」と述べている（斉藤孝 2001: 238）。

さかのぼるなら、一九八二年、校内暴力で学校が荒れていたころに、竹内敏晴は、いま学校では「教員を殴りとばさなければ気がすまない『からだ』が、さまよいうろつきまわっている」と述べた（竹内敏晴 1999: 20）。一方に、すなおに権力と資本のためのからだに仕立てあげられるままにみえる子どもがいる。他方に、この種のからだをきらい、登校を拒否し、自分に閉じこもり、自殺に追い込まれる子どもがいる。どちらの子どもも、権力と資本によってことばを失い、からだを暴発させるところまで追いつめられている、と。

こうした、身体文化論のうしろにある危機感を、私も抱いている。子どもが必要としているのなら、丹田呼吸法によって集中力を高めることも結構だし、毎朝、すぐれた文学作品を朗読することも結構である。しかし、それらは、やはり対処療法にとどまるものだと思う。子どもに大人が必要だと考えるものを与えるだけで子どもがよく育つこともあるだろうが、ブロイラーを育てているのではないのだから、そういう場合はそう多くはないだろう。むしろ、身体文化を失わせているものを厳密に把握するべきだと思う。そうすれば、カリキュラムをふくむ教育システムそのものが、社会の全面的な機能的分化の先兵として、身体文化を失わせているという現実が、見えてくるだろう。

4 ― 機能システムに寄生する生

機能システムの利用

私たちが何かをするとき、たとえば、電車に乗るとき、学校に通うとき、病院に行くとき、量販店に行くとき、私たちは、他者とかかわっているというよりも、機能システムにかかわっている。たとえば、電車は都市システムの一部であり、学校は教育システムの一部であり、病院は医療システムの一部であり、量販店は経済システムの一部である。

私たちが何かをするときに、相手が、感情をいだく生身の人間ではなく、たんなる機械のような機能システムの一部だと思うなら、私たちのその相手にたいする態度は、大きくなる。これは、私たちの人格そのものに由来する現象であるというよりも、私たちの置かれた情況に由来する現象である。それは、自分は「お客さま」で、機能システムからサービスを受けるべき立場にある、と思ってしまうことに由来する現象である。

たとえば、駅のホームで平気でタバコの投げ捨てをする人がいる。公園のベンチにピザの食べ残しを放置する人がいる。彼(女)らを「公徳心が欠けている」「マナーがなっていない」と非難するだけでは、充分ではない。たしかに彼(女)らは、マナーを欠いているが、同時に彼(女)らは、駅、公園を管理する都市システムがその吸いがら、ピザの食べのこしを始末してくれることを期待しているからである。「自分はお客である」という意識が、投げ捨て、食べ散らかしという行為を正当化しているのである。

思い出されるのは、一九八三年に東京ディズニーランドが開園したときに話題になったことである。「美観をそこなう」という理由だったと思うが、開園当時の東京ディズニーランドには、灰皿がなかった。客は、いってみれば、どこにタバコの吸いがらを捨ててもかまわなかった。客が吸いがらを捨てても、あっという間に係員が現れて、それをきれいに始末してくれた(私も恐る恐る試してみた)。つまり、客が少々勝手にふるまっても、その始末を東京ディズニーランドという機能システムがすべてつけてくれた。

ディズニーランド、またマクドナルドは、現代の機能システムを端的に象徴している。それは、リッツアが「マクドナルド化システム」「マックディズニー化システム」と呼ぶもの、すなわち

「効率性・予測可能性・計算可能性・テクノロジーによる制御」に支配されたシステムである。たとえば、ディズニーランドでは、「従業員はチームを組んで、日常の清掃業務の一環として、……ゴミを拾い集めている。そのために、客は、うっかり落とし物［タバコの吸いがら］を踏んで不愉快な驚きを経験することもない。ディズニーのテーマパークは、客がすこしも驚いたりしないように、懸命になっている」（Ritzer 1998=2001: 236 訳文を変更した）。

自分は客で機能システムを利用しているという意識は、子どもにも若者にも見うけられる。自分は、授業料、税金を払って教育システムを利用しにきた「お客さま」である、と思っている小学生・中学生も少なくない。高校生・大学生の多くもそうである。彼(女)らは、学校で自分の思いどおりの授業を受けられないとわかると、露骨に教師を馬鹿にしたり愚弄したりする。そしてくびにしようとする。それは、たとえていえば、早朝からならび、高い入場料を払ってテーマパークに入ったのに、つまらないアトラクションしかないので、事前調査不足の自分を棚に上げて、店員や係員に当たり散らしている、といったところだろうか。

自分が「お客さま」であり何らかの機能システムを利用する身分であると思っているとき、その人は、その機能システムのなかで働いている人たちを、多くの場合、生身の他者とは見なしていない。彼(女)らは、機能システムを構成する部品と見なされている。教授であれ、教員であれ、駅員であれ、店員であれ、機能システムを構成する人たちは、「お客さま」からみれば、生身の他者ではなく、機能的な役割そのものである。気に入らなければ、大学通りですれちがう教授を無視するように、彼(女)らを無視することができるのである。

機能システムへの寄生

しかし、自分が「お客さま」であり、何らかの機能システムを利用しているというのは、幻想である。斜に構えた言い方になるが、人は「寄生虫」で機能システムに寄生しているというのが本当だろう。都市システム、教育システム、医療システム、経済システムなどとかかわらずに生きようとすれば、私たちは、山奥で電気もガスもない自給自足の生活をおくるしかない。* 機能システムは、いわば、自律的に轟然と運動しつづけながら、それに必死に縋りついている人間に「あなたが主人公です」という幻想を与えているだけである。

＊ ただし、一人で自給自足の生活を送る場合でも、厳密にいうなら、人は一つの機能システムとして、自分を生かすためによりよい問題解決の方法を探さなければならない。つまり、自給自足の生活を送ることで、社会的な機能システムから逃れることはできても、機能性（有用性）そのものから逃れることはできない。

機能システムへの寄生は、寄生している本人たちがはっきりと自覚していない現実である。学校を卒業したあとも親と同居し、衣食住などの基本的な生活条件を親に依存している未婚者は、「パラサイト・シングル」と呼ばれているが(山田昌弘 1998)、彼(女)らは、自分が親に依存（寄生）していることを知っている。しかし、ここでいう機能システムへの寄生（パラサイト）は、パラサイト・シングルの若者たちだけでなく、その親たちも、ともに置かれている社会情況であり、ともに営んでいる社会生活である。

機能システムへの寄生は、さきほどから繰りかえし述べている「全面的な機能的分化」が生みだした現象である。それは、社会を秩序づけ理解するうえでの主要な概念が機能になる、ということである。つまり、多くの局面——経済、政治、法、科学、教育、家族、宗教など——において、問題解決に役に立つこと、有用であることが組織を構築したり、人員を配置したり、プランをたてたりするうえでの基本的な原則になることであり、それによって、神／人、年長者／年少者、大人／子ども、男／女、人／物といった(前)近代的な位階的分化が大きく浸食されていくことである。* たとえば、バイト先の上司も、近所の年長者も、他者として敬われ信頼される人ではなくなる。人は、いらなくなれば捨てられる代替可能なものとして、あつかわれるのである。

＊　位階的分化から機能的分化へという社会の秩序化形態の歴史的な変化は、社会学においてはごくありふれた考え方である。たとえば、ジンメルの『社会的分化』(Simmel 1989=1969)、デュルケームの『社会的労働の分化』(Durkheim 1986=1971)、そして、ルーマンの『社会の社会』の第4章「分化」を参照されたい (Luhmann 1997: 595-865)。

簡単に定義するとすれば、機能とは、何かの問題を解決したり目的を達成したりする、代替可能な手段の働きである。* 機能システムの場合、それは、経済、政治、法といった機能システムを存続させる代替可能な手段の働きである。たとえば、経済システムの場合、それは、経済システムを存続させる市場経済的なプログラムの効果である。それは、たとえば、会社の窮状を救うための中高年のリストラが余力を生みだすことであったり、あらたな商品の開発が資本を生みだすことであったりする。リストラも商品開発も、問題解決のプログラムとしては同等であり、したがって代替可能である。このとき、年功序列のような旧来の位階的秩序は無視され、会社を存続させるためによりよい方法が選ばれる。

＊　なお、ルーマンの場合、機能は二つの意味で用いられている。一つは、機能分析における機能概念。これは、「さまざまな問題解決の等価性を判定するための視点」である(Luhmann 1968=1990: 82)。つまり、機能は、さまざまな問題解決の方法を比較し、それらのうちでよりよいものを選ぶという考え方である。もう一つは、「下位システム［たとえば、教育システム］による全体システム［社会全体］についての観察を〈機能〉と呼び、他の下位システム［たとえば、経済システム］についての観察を〈遂行〉Leistung と呼び、下位システムのそれ自体についての観察を〈反照〉Reflexion と呼ぶことにしよう」というときの機能である(Luhmann 1997: 757)。ルーマンのいう「観察」は、下位システムの意味世界（考え方）が、そのまま反映される理解の仕方である。本書でいう機能概念は、ルーマンのこうした形式的な機能概念にくらべると、実体的である。

全面的な機能的分化は、重大な、しかし静かに進行している三つの問題を生みだしている。一つは関係の冗長性の衰退であり、もう一つは他者の個体性の忘却である。そして最後に生の悲劇性（複雑性）の忘却（存在の忘却）である。これら三つは密接に関係している。

衰える関係の冗長性

理論的にいえば、関係の冗長性とは、親密な関係におけるコミュニケーションの特徴である。すなわち、親しい間柄である私とあなたとのあいだで、微妙で精妙な意味了解の同調によって可能になる、相互の承認である。いいかえるなら、関係の冗長性は、かなりの時間をかけて相手に慣れ親しみ、相手の言外のニュアンスがくみとれるようになることによって、相手を受容することである。もっと簡単にいうなら、それは、私とあなたとの間で冗談がつうじるように、二人のあそび心が同調（シンクロ）していることである。

冗長性のもっとも重要な機能は、それが相手の思わぬ失敗を吸収し、なかったことにすることである。そのいみで、冗長性はコミュニケーションの緩衝装置である。普通の車のハンドルに「あそび」があるように、人間関係にも冗長性という「あそび」がある。ハンドルの「あそび」が、多少の切り損ないをなかったことにしてくれるように、人間関係の「あそび」も、多少の言いすぎ・やりすぎをなかったことにしてくれる。

冗長性の有無によって、私たちはしばしば人間関係の形態を決めている。私たちの多くは、初対面の人に、自分なりのかるい冗談をいって、反応を見る。相手がにやりともしない人や、いやな顔をする人だったら、「合わないな」と瞬時に判断する。つまり、この人とは感覚・波長・ハビトゥスが合わない、と判断する。相手がにやりとしたり、大笑いする人だったら、「この人とは一緒に一杯やりたい」と判断する。私たちの多くは、こうした判断にもとづいて、この人とは感情移入しないで、事務的なつき合い方をしよう、この人とは思うところをいいあい、うちとけてつき合おう、と決めている。

しかし、こうした関係の冗長性は、近代社会において、そしてハイパーモダン社会において、しだいしだいに衰退してきたと思う。たとえば、都市部の人間関係は、義理・人情といったものを排除した、利便的で合理的な契約関係に近づいているように見える。子どもたちの多くはしだいに、人とはできるだけ儀礼的にかかわろうとする一方で、モノとはできるだけ密接にかかわろうとしはじめているように見える。関係の冗長性の衰退という事実を示す統計的なデータなどありそうにないが、余裕のない・冗談のつうじない人が増えていることは、多くの私たちが日常的に実感していることではないだろうか。

文化の違いによって時間的なズレがあるだろうが、デュルケームにそって考えれば、機能的分化が高進しつづけ、それが社会全体に及ぶとき、社会諸集団の営みは、有用性（便益性）といった機能に特化され、その共同体的な凝集性は低下していく、と考えられる。そして、こうした社会諸集団の内部構造の変化とともに、歴史的・対面的なコミュニケーションは縮減され、共時的・機能的なコミュニケーションが肥大していく、と考えられる。これが、関係の冗長性が衰退していく基本的な背景だろう（第3章参照）。

このような関係の冗長性の衰退とともに、人の在りようも変化していくだろう。第一に、人は、年齢・性別・職業・住所にかかわらず、すべての行為において必要な情報を自分で収集し、選択し、理解し、決定し、すべての責任を自分でかぶらなくてはならなくなる。それは、ベックのいう「個人化」である（Beck 1986=1998）。[*] 希望的な観測をすれば、それは、自己を諸メディアのいきかう空間の一結節点、つまり異質な者同士のコミュニケーションのトポスとみなし、ヘテロなものを承認する思考を生みだすかもしれない。

＊　ベックが「個人化」（individualisierung）と呼ぶ現象は、アイデンティティが誰かから付与されるものから自分で獲得するものに変わり、その獲得の責任が当人に帰着させられるという現象、いいかえるなら、不平等が個々人の責任に帰着させられるという現象である（Beck 1986=1998: 175-184, 252-271）。それは、たとえば、ある人が「リストラ」され、失業者になるのは、その人自身の能力に問題がなくても、その人自身の能力に問題があるからだと見なされてしまう、ということである。この個人化という現象は、学校教育のなかにも入りこんでいる。それは、成績のわるい子ども、スポーツの苦手な子ども、そしてもてない子どもが、失業の責任を自分でかぶり、自分を責めることしかできなくなった失業者のように、その責任を自分でかぶり、自分を責めることしかできなくなることである。

しかし、第二に、関係の冗長性の衰退は、「信じられるものは自分だけ」と考えてしまう過剰に自己言及する自己も生みだすだろう。「だれも自分を助けてくれない」と思い、自分で自分を袋小路に追い込んでしまうからである。この場合、他者は、基本的に自分をまどわすノイズであり、適当に利用されるだけの用材である。過剰に自己言及する人にとっては、他者との冗長的なコミュニケーションなど、想像することもできない。この悲惨な自己は、けっして見つからない「生きている意味」を探し求めたあげく、アイデンティティ、純粋な恋愛、輪廻転生などをまことしやかにかたる言説権力の餌食になってしまうだろう。

こうした過剰な自己言及化の傾向は、すでに一九八〇年代には始まっていた、といっていいだろう。たとえば、一九八三年に、ハイデガー研究者である加藤清は、「教育の技術化」を憂いつつ、次のように述べている。「今日、親子の断絶、教師と生徒の断絶、生徒相互の断絶は、救いようもなく普遍化している。[子どもたちは] 多くの教師や学友たちと顔見知りにはなるけれども、それは、ラッシュアワーにすれ違う〈ひとびと〉と、なんら変わるところがないのである。……そこでは、ただ顔見知りだけでしかない皮相な、〈ひと〉と〈ひと〉との傍観的な冷たい関係が支配的となっている」(加藤清 1983: 22)と。

関係の冗長性の衰退は、第三に、社会システムに過剰に適応する人、すなわち過剰に機能に同調する人も生みだすだろう。すがりつくものは、機能システム以外にない、と思ってしまうからである。彼(女)らは、しだいに「生きている」というよりも「生かされている」という感覚に苛まれるようになるだろう。つまり、彼(女)らは、自分の行為、自分の人生にたいする手応え――「生きている実感」――を失っていくだろう。

彼(女)らの行きつくところは、たとえば、カルト教団のような、疑似共同体への埋没である。オウム真理教をはじめとしたカルト教団は、みずからつくりあげた人生の意味と社会の機能との背反関係に耐えられなくなった人が渇望するものである。彼(女)らが教団のかたる超越的な世界形象に埋没し、この社会から完全に遊離できるのは、彼(女)らが、この社会に根ざすために欠かせない冗長的な関係を欠いてきたからである。

また、彼(女)らの行きつくところは、殺人のための殺人(いわゆる「動機なき殺人」)のような、生きている実感を暴力的に獲得しようとする凶行かもしれない。一九九〇年代以降、凶悪な犯罪をおかした少年の多くは、被害者意識のつよい少年、つまり自己言及過剰の少年である。彼(女)らが凶悪な暴力を行使できるのも、彼(女)らが幼いころから親密な関係のつくりだす冗長性から決定的に疎外されてきたことと密接に関係している(第4章参照)。

忘れられる他者の個体性

さて、自律的な個人は、一六・一七世紀あたりの西欧社会にはじめて登場した。* 彼らは、家を無視し、血統を無視し、共同体を無視して生きていた。つまり、彼らは、共同体に染みついている位階的秩序を無視して生きていた。すべてを機能に還元し道具として利用する自律的な個人は、共同体に生きる人びとにとって、自分たちとはまったく異なる存在だった。ある一つの共同体のなかで生きて、その共同体のなかで死んでいく人びとにとって、自律的な個人として生きる人は、とんでもなく異様な人間に見えただろう。

＊ 個人の歴史社会学的な誕生論については、バウマン(Bauman 1988)、ルーマン(Luhmann 1989)の所論を参照。作田啓一(1999)の考え方からすれば、ここでいう個人は「世俗内個人」であり、それ以外にも「世俗外個人」という個人の概念もある。ちなみに、バウマンは、ルーマンを念頭におきなが

ら、次のように述べている。「自律的な個人の存在は、ある種の［つまり機能的で］社会的な地位の分化形態を意味するとともに、その分化形態を安定させたり再生産するうえで根本的な役割を果たしている」（Bauman 1988: 7）。

しかし、共同体に生きる人びとにとって、自律的な個人は、魅惑的な人間にも見えただろう。共同体に生きる人びとから見れば、自律的な個人は、共同体という足枷から自由だったからである。たとえば、一六六五年に初演されたモリエールの『ドン・ジュアン』（ドン・ファン）は、たんなる女たらしの話ではなく、広いいみでの共同体――父権制家族・絶対主義国家・カトリック教会――の位階的秩序からの決別を宣言する戯曲である。主人公のドン・ジュアンの魅力は、彼がこうした位階的秩序を体現する大いなる〈父〉にそむくところに見いだせるだろう（水林章 1996）。ちなみに、一八世紀の西欧社会で「自由」（liberty/liberte）という言葉が流行語となったが、このとき、「自由」は、自律的な個人の魅力をあらわす言葉として使われた。

こうした歴史をもつ西欧社会にくらべて、日本社会は、これまでどれくらい自律的な個人をはぐくみ許容してきたかと考えると、なんとも心もとない。明治期以降の日本社会は、一部の都市生活者をべつにすれば、自律的な個人をはぐくもうとはしなかったし、自律的な個人を受け入れようともしなかった。育まれ受け入れられてきたのは、多くの場合、よそよそしくてなれなれしいムラ的・イエ的な人間だけではなかっただろうか。たとえば、二一世紀を迎えた現代においても、何らかの派閥に属していない研究者の多くは、実質的に大学に就職することができない。

しかし、自律的な個人は、人の在りようとして充分なものではない。フーコー、デリダ、ルーマンが批判してきたように、自律的な個人（主体）は、機能的に生きる個人だからである。自律的な個人の行動原則は、有用性――つまり役に立つか立たないか――である。この行為は自分の成功、自分の幸福につながるかつながらないか、これが、自律的な個人の行動原理である。

自律的な個人という在りようからすっぽり抜け落ちているものは、存在の個体性という感覚である。他者・自分が道具として機能として存在するだけでなく、存在そのものとして存在するという感覚である。たとえば、役に立つ／立たないにかかわらず、できがいい／わるいにかかわらず、またまさずかった子を、かけがえのない存在と感じることである。存在の個体性を感じることは、ハイデガーふうにいえば、他者も自分も、偶有的・刹那的に共在している「現存在」(Dasein)であると了解することである（第5章を参照）。

自律的な個人も、愛する人を「かけがえがない」と思う、といわれるかもしれない。しかし、その愛は、一八世紀に誕生し現代の西欧社会、日本社会に蔓延している「恋愛」(lomantic love)である。すなわち、毎日毎日、出かけるときに「愛してる」と誓約しなければならない愛である。いいかえるなら、たえず相手の裏切りを心配し、疑心暗鬼に苛まれる愛である。愛しあっていても、おたがいに自律的なのだから、不安なのはあたりまえである。自律的な個人がこの不安から逃げようとすれば、愛を機能別に切りつめ、不安を分散するしかないだろう。この人は家庭を営むうえで必要なパートナー、この人は仕事をするうえで必要なパートナー、この人は恋愛を愉しむうえで必要なパートナーというふうに。

現代日本社会は、人びとが自律的な個人という幻想を抱くうえで、うってつけである。先ほど述べたように、いまや、自給自足の生活ができないわけではないが、人びとの多くは、経済システム、政治システム、医療システム、教育システムのような機能システムに依存しなければ、生きていけないからである。むしろ、人びとは、自律的であろうとすればするほど、機能システムに依存しなければならないというパラドクスに陥っているように見える。

機能システムに寄生する人びとにとって、脱機能的な存在は、ただ疎ましいだけである。たとえば、公園にいた浮浪者を撲殺した少年たちにとって、その浮浪者はただ目ざわりな存在だった。また、「お受験」の準備に余念のないママにとって、子どもが夢中になる遊び（テレビゲームやベイブレードなど）はすべて目ざわりである。機能システムに寄生する人にとって、どんなに仲良くした友人でも、その人が自分にとって役に立たなくなったときが、その人との縁の切れ目である。使えない人は要らない人、というわけである。

ようするに、機能システムに寄生したまま自己決定の幻想に浸ることとは、自分・他者の個体性を忘れることである。それは、いいかえるなら、「腐れ縁」や「なじみ」がない関係ばかりが広がることである。そのような機能的な世界には、使えないけれども惹きつけられる他者、役に立たないけれども惹きつけられる他者は、存在しない。使えない人間はたんに要らない人間であり、役に立たない人間はただ疎ましい人間である。

こうした有用性中心の価値観を相対化し、人の存在そのもの、かけがえのない個体性を照らし出してきたもの、そしてまた、先に述べた関係の冗長性を情緒（メタ知覚）のレベルでささえてきたものがある。それが、生の悲劇性（複雑性）の了解である。

喪われる生の悲劇性の了解

人生を形容する言葉は少なくないが、その一つに「悲劇」（tragedy/tragedie）という言葉がある。スタイナーの言葉を借りていえば、「悲劇とはとりかえしのつかないこと」である。「過去の苦しみが神の正義や物の豊饒さによって償われることで、悲劇が終わることはない」（Steiner 1980=1995: 23）。つまり、正しさ・豊かさによって贖われるような悲劇は、悲劇ではない。悲劇は、ただ苦しみつづけるしかないような不条理である。

正しさ・豊かさによって贖われることのない悲劇は、紀元前五世紀に登場したギリシア悲劇に由来するといわれている。ギリシア悲劇においては、人生を形成したり破壊したりする力は、道徳・理性をはるかに超えたところにあった。ギリシア悲劇においては、「われわれのまわりには悪魔的なエネルギーがあって、それは魂にとり憑いて人を狂気に追いやったり、われわれの意志を毒してわれわれ自身やわれわれの愛する者にとりかえしのつかない怒りを向けさせたりする」と考えられていた（Steiner 1980=1995: 21）。

ギリシア悲劇の概念をユダヤ＝キリスト教のなかに見いだすことは、ほとんどできない。ユダヤ＝キリスト教は、どんな災厄のなかにも人間の道徳的・論理的な欠陥を見いだしてきたからである。いいかえるなら、ユダヤ＝キリスト教は、道徳的・論理的な「完全性」に到達するなら、どんな災厄も防ぐことができる、と考えてきた。なるほど、有名な『ヨブ記』は、悲劇の典型としてしばしば語られてきたが、最終的にヨブは、エホバによって、「その人生の終わりを初めよりも善いものにしてもらった」。つまり、ヨブの悲劇は、神のつかさどる正しさ、神にもたらした豊かさによって贖われている。

日本社会には、風土のせいなのか、ギリシア悲劇のような暗い悲劇の概念はほとんどなかった、といってよいだろう。なるほど、仏教のいう「四苦」――生・老・病・死――は、生きることは「苦」であり、「苦」は無常であること、つまりだれもがはかない存在であることを意味していた。しかし、日本社会は、どれほどさかのぼっても、人生のはかなさを呪わんばかりに嫌悪したことがなかったのではないだろうか。

たとえば、一六世紀あたり、日本社会は、人生のはかなさを愉しむという考え方を創りだしている。このころに、それまであった「憂き世」という表現に加えて、「浮き世」という表現が登場したからである。たしかに、人生ははかなく、頼りになるものはないといういみで、この世は「憂き世」である。しかし、四季に風情を感じることもできるし、人に恋し人を慈しむこともできるというい みで、この世は「浮き世」でもある。そして、この「浮き世」いう考え方の登場とともに、人生を思う存分に愉しむべき「一期の夢」とみなす考え方が登場した。阿満利麿がくわしく述べているように、一五一八年に編集された『閑吟集』は、こうした「浮き世」「一期」の概念の登場を端的に示している(阿満利麿 1996: 41-2)。「四苦」であれ、「浮き世」であれ、人生を形容する日本的な言葉は、たしかにギリシア悲劇が意味するような苛烈さを含意していない。しかしそれでも、これらの言葉は、生の悲劇性を意味している。これらの言葉は、人生は、社会的な利便、人為的な操作に還元されるものではないという了解、いいかえるなら、人生は、あまりに複雑に入りくみ、有用性・自律性によってどうこうなるものではない、という了解を含んでいるからである(第6章参照)。

しかし、一九世紀末以降、「四苦」という概念も、「浮き世」という概念も、薄れていったといってよいだろう。西欧社会において、近代教育をつうじて、ユダヤ=キリスト教的な「完全性」(perfection)、「完成可能性」(perfectibilité/perfectibility)の思想——つまり啓蒙思想——が広まることによって、ギリシア悲劇の概念がしだいにリアリティを失っていったように、日本社会においても、明治期以降の近代教育をつうじて、「人格の完成」「個人の発達」の思想が広まることによって、生の悲劇性はしだいにリアリティを失っていった。

近代教育は、完全性(完成可能性)の思想に裏打ちされている。教育の目的として語られるものの一つとして「人格の完成」という言葉があるように、近代教育は、子ども一人ひとりの人格を完全なものにすることを意図した営みである。それは、いいかえるなら、もともと人為的に操作不可能なものだった「人間的自然」を人為的に操作可能であると考えることによってはじめて可能になった営みである。「社会の進歩」も、こうした完全性の思想に由来する人為的な操作可能性という命題を前提にしている（田中智志 1999）。

近代教育に象徴されるような操作可能性、つまるところ、機能的な有用性の蔓延によって、生の悲劇性の了解が薄れることは、第一に、さきほど述べた関係の冗長性がゆらぎ、ベックのいう「個人化」が加速されることを意味している。成功・正当、失敗・過誤が、情況ではなく個人に帰せられるようになる。善いことが個人の成功に還元されるだけならいいが、悪いことも個人の失敗に還元されるようになる。いいかえるなら、それは、ささいな差についての、対個人的な告発が蔓延することである。たとえば、教育熱心な母親が「となりの〇〇ちゃんが△△大学に入ったっていうのに、あんたは何よ！」というときの「〇〇ちゃん」と「あんた」との個人的な能力の差が重大な問題となり、その責任が「あんた」に帰せられることである。

生の悲劇性の了解が薄れることは、第二に、さきほど述べた存在の個体性が忘れられ、集団の同調性、個人の自律性が過剰に信仰されることを意味している。それは、個体と全体、自分と他者などをめぐる、複眼的な思考（バランス感覚）が衰退することを意味している。それは、たとえば、「いじめ」のような、個体（差異）を同一的な全体性に回収しようとする同調過剰の蔓延であり、さらに「ジコチュウ」のような、他者を無用なノイズに還元してしまう自己言及過剰の蔓延である。こうした同調過剰・自己言及過剰の蔓延は、結局のところ、社会・学校に凶悪な暴力、陰湿な暴力の生じる契機を充満させることになるだろう。

つまり、生の悲劇性の了解は、関係の冗長性、存在の個体性を、意味世界のレベルでささえているものである。その生の悲劇性の了解が失われるということは、関係の冗長性、存在の個体性をささえていた根本的な思考様式が失われることである。

5 教育システムの基本的な矛盾

教育の自縄自縛

ひとことでいえば、機能システムの基本的な規則である有用性と、関係の冗長性・存在の個体性・生の悲劇性とは、背反的な関係にある。この背反的な関係は——後者がかなりゆがめられてはいるが——教育システムの内部に見いだすことができる。

たとえば、ルーマン＝ショルは、教育システムは基本的に矛盾している、と述べている（Luhmann=Schorr 1988=近刊）。教育システムが一方で、有用性を重視する機能システムとして、成績・学歴による子どもたちを選抜・選別し、自他を比較する「虚栄心」（vanité）をあおりたてながら、他方で、人間学的なヒューマニズムにささえられて「人間形成」「発達援助」をめざし、「信頼」「友情」をはぐくもうとしてきたからである。つまり、教育システムは、子どもたちに「たえず相手を蹴落とす競争」をさせながら、「みんなで高めあう共同体」をつくりだそうとしてきたからである。

ただし、厳密にいうなら、教育システム内部でつくられる共同体は、多くの場合、関係の冗長性を生みだすことも、他者の個体性、生の悲劇性という感覚を喚起することもできないだろう。というのも、人為的に制御されている学校空間は、生きるために避けられない暴力・無視・苦悩を、教育するために仮構された暴力・無視・苦悩として示すことができるだけだからである。関係の冗長性、他者の個体性、生の悲劇性を喚起するためには、行為にやむにやまれぬ必然性、どうしようもない偶有性がともなわなければならないが、学校がそうした必然性、偶有性を身にまとうためには、近代教育学の用語法にしたがえば、非「教育的」にならなければならないからである。

さらに厄介なことは、機能的な分化が昂進するとともに、こうした共同体指向の学校が存在の物象化という自分の効果を昂進し、自分自身を空洞化させていくことである。機能的な分化が昂進し定住型共同体が閾値を超えるくらいに浸食されるなかでは、子どもたちは、選抜・選別しながら教育的ヒューマニズムをとく教師を「嘘つき」と見なして軽視していくからである。関係の冗長性が掘り崩されるとともに、子どもたちは、社会諸システムの機能要求に直接さらされ、この社会諸システムの機能要求に充分に適応できない子どもは、「きたない」「とろい」といわれて、排除（いじめ）の対象になり、その機能要件に過剰に適応した子どもは、信頼・友情・恋愛が信じられず、自己言及過剰（独りよがり・引きこもり）の自己を形成していくからである。

ようするに、教育方法の成立が困難であるにもかかわらず私たちが教育方法に拘泥することは、私たちが教育システムに寄生していることの証しである。私たちの多くは、人の成長を教育システムに関係づけなければ考えられなくなっている、といっていいだろう。しかし、教育システムによって、まさに生きるうえで必要不可欠な存在要件が、浸食されるのであり、その浸食を教育的行為によって押しとどめようとする試みが、子どもたちの教育にたいする侮蔑、そして自己閉塞を生みだしているのである。

社会革命のために

教育システムへの寄生は、機能システムへの寄生の一つの例にすぎない。私たちは、教育システムのほかに、経済システム、政治システム、医療システムなどに依存して生きている。私たちは「ただより高いものはない」と思い、「お歳暮には下心がある」と思っている。つまり、経済的な行為は、有償の交換であると思いこみ、無償の贈与を信じられなくなっている。また、私たちは「政治は権力闘争」と思い、「演説が上手な人には邪心がある」と思っている。つまり、政治的な行為は、他者を支配することだと思いこみ、無私の義務を信じられなくなっている。さらに、私たちは「病気になったら病院に行かなければ」と思い、「近代医学以外の療法をうさんくさい」と思っている。つまり、医療行為は、オペ(レーション)だと思いこみ、自己治癒力を信じられなくなっている。

このような機能システムへの寄生は、全面的な機能的分化社会の到来を暗示している。それは、すべてのものを有用性(何かの手段)としてとらえる社会であり、関係の冗長性、存在の個体性、生の悲劇性の了解を失う社会である。それは、自分・他者がモノとして立ち現れる社会であり、モノとしての自分・他者が、その存在のかけがえのなさを見失いながら、機能システムによって位置づけられ、そこに関係づけられる社会である。

全面的な機能的分化社会は、ある種の人たち（いわゆる「エリート」）にとっては、それなりに気楽な社会といえるかもしれないが、そう思わない人のほうが多いはずである。「ストレス、多いよね〜」というのは、三〇歳代・四〇歳代にとっては、時候のあいさつにひとしいからであり、子どもたちの多くも、自分の存在が、ややもすると「個性」「能力」「学力」に還元されてしまうことにたいして、「やってられない」と思っているからである。満員電車のつり革につかまりながら、つり広告の、深い緑にかこまれた隠れ宿や、目にしみる空の青と砂浜の白さに心を奪われてしまうのは、くたびれはてたサラリーマンだけではない。

教育は、これまで機能システムに寄生し、物の因果律、人の自律性、知の確実性を幻想する鈍感な人間を形成することに荷担してきたが、そろそろ、その過ちに気づかなければならない。教育にかかわる人は、機能システムに寄生せざるをえないという社会的現実を洞察する知をもたなければならないし、機能システムに寄生する生にかかわる新しい生を構想し実践することに寄与しなければならない。それは、物の因果性、人の自律性、知の確実性に還元されない、自他の存在のかけがえのなさにそくした学び（コミュニケーション）の形態を保証することである。

たとえば、文部科学省がうちだした「生きる力」という教育のスローガンは、たしかにあいまいな言葉で、恣意的に用いられる可能性の大きい標語である。しかし、そうだからといって、「生きる力のようなあいまいな言葉が流行する社会は、論理的思考能力を育てる環境からほど遠い」と、断罪する必要はない。むしろ、あいまいであることは豊かな可能性があることだ、と思えばよい。つねに因果的・自律的・実証的に考えたい人は、勝手に考えればいいが、彼(女)たちに、すべての人に因果的・自律的・実証的に生きろ、と要求する権利はない。というよりも、すべてを因果律に還元し、モノを観察し支配する自律的な個人という幻想にひたり、知を実証科学的な知に還元することをすべての人に要求する権利は、だれにもない。ちなみに、私は、オフィシャルな定義がないことをよいことに、「生きる力」とは、自分・他者の存在にそくした学びをたゆまず続けていくという遂行性である、と考えている。

ともあれ、教育システムの変革は、社会システムの革命の一部分にすぎない。したがって、教育システムの変革は、社会システムの革命から分離することはできない。とはいったものの、いまのところ、私に、具体的な社会システム革命のプログラムがあるわけではない。とりあえず、子どもという他者の個体性を取りもどすことに焦点をあてながら、教育システムの変革からとりかかろう、という程度である。

〈文献表〉

阿満利麿　1996　『日本人はなぜ無宗教なのか』筑摩書房。
加藤清　1983　『新しい教育哲学――存在からのアプローチ』勁草書房。
熊倉伸宏　2000　『死の欲動――臨床人間学ノート』新興医学出版社。

斉藤孝　2001「子供のカラダは崩れている」『新潮45』20(7): 230-238.
作田啓一　1999『個人』三省堂。
佐々木賢　2002『親と教師が少し楽になる本——教育依存症を超える』北斗出版。
関曠野　1995『教師、死と抗う生命——子ども・家族・学校・ユートピア』太郎次郎社。
竹内敏晴　1999『教師のためのからだとことば考』筑摩書房。
田中智志　1999「言説としてのペダゴジー」田中智志編『ペダゴジーの誕生』多賀出版。
田中智志　近刊「ポップ感覚から浮遊感覚へ——システムに響く不協和音」森田尚人・今井康雄編『戦後教育を読みなおす』(仮) 勁草書房。
水林章　1996『ドン・ジュアンの埋葬——モリエール『ドン・ジュアン』における歴史と社会』山川出版社。
山田昌弘　1998『パラサイト・シングルの時代』筑摩書房。

*

Bauman, Zygmunt　1988　*Freedom*. Milton Keynes: Open University Press.
Beck, Ulrich　1986　*Risikogesellschaft: Auf dem Weg in eine andere Moderne*. Frankfurt am Main: Suhrkamp. = 1998　東廉・伊藤美登里訳『危険社会——新しい近代への道』法政大学出版局。
Durkheim, Emile　1986　*De la division du travail social*. Paris: Presses Universitaires de France. = 1971　田原音和訳『社会分業論』青木書店。
GSG　1989　*Georg Simmel Gesamtausgabe*. Frankfurt am Main: Suhrkamp.
Lenzen, Dieter　1996　*Handlung und Reflexion: Vom padagogischen Theoriedefizit zur reflexiven Erziehungswissenschaft*. Weinheim: Beltz.
Lenzen, Dieter　1999　*Orientierung Erziehungswissenschaft: Was sie kann, Was sie will*. Hamburg:

Rowohlt.

Luhmann, Niklas　1968 *Zweckbegriff und Systemrationalitat*. Frankfurt am Main: Suhkamp. = 馬場康雄ほか訳『目的概念とシステム合理性』勁草書房。

Luhmann, Niklas　1989　"Individuus, Individualität, Individualismus," *Gesellschaftsstruktur und Semantik*, Bd. 3. Frankfurt am Main: Suhrkamp.

Luhmann, Niklas　1997　*Die Gesellschaft der Gesellschaft*, 2 Bds. Frankfurt am Main: Suhrkamp.

Luhmann, Niklas und Schorr, Karl E.　1988　*Reflexionsprobleme der Erziehungssystem*. 2 Aufl. Frankfurt am Main: Suhrkamp. = 近刊　田中智志監訳『教育システムの反省問題』世織書房。

Masschelein, Jan　1991a　"Die ergebnislose und functionlose Erziehung," *Zeitschrift für Pädagogik*, 37 (1): 65-80.

Masschelein, Jan　1991b　*Kommunikatives Handeln und paedagogisches Handeln*. Weinheim: Deutscher Studien Verlag.

Milis, Judo J.　1992　*Angelic Monks and Earthly Men: Monasticism and Its Meaning to Medieval Society*. Woodbridge: Boydell Press. = 2001　武内信一訳『天使のような修道士たち』新評論。

Ritzer, George　1998　*The Mcdonaldization Thesis: Explorations and Extentions*. Thousand Oaks: Sage. = 2001 正岡寛司監訳『マクドナルド化の世界』早稲田大学出版部。

Simmel, Georg　1989　"Über social Differenzierung," GSG, Bd. 2 = 1969 居安正訳「社会分化論」『社会分化論・社会学』青木書店。

Steiner, George　1980　*The Death of Tragedy*. New York: Oxford University Press. =　1995　喜志哲雄・蜂谷昭雄訳『悲劇の死』筑摩書房。

第1章　喪われる権威
――なぜ教育は難しいのか

Lost Authority of Teachers: Why Education is so Difficult?

abstract　伝統的な日本社会に「教師」が実在したことはなかった。ルーマンふうにいえば、教育可能性としての子どもを「象徴的一般メディア」とした教育システムが、全体社会から分出し相対的に自律したときに、教師が実在するようになった。これにたいして、学びは、伝統的な日本社会にもあった。それは、対象を〈もの〉として所有することではなく、生動する〈こと〉をまねること・ならうことである。つまり、学びは、主体的な営為ではなく、当事者的な営為である。教育システムとともに近代日本社会に登場した教師は、一方で、国家・学問といった超越的な審級によって公的に保証された代理審級であり、他方で、学ぶ当事者の意識のなかに生じる事後心象だった。しかし、いまや、日本の教師は、子ども・若者のあいだに一九七〇年代後半から一九八〇年代に広まったポップ感覚、そして一九八〇年代末から一九九〇年代前半に広まった浮遊感覚が暗示しているように、社会の全面的な機能的分化、社会の流体化によって、その権威を実質的に剥奪されている。

1―サーヴィス化する教職

子どもを殴った教育実習生

一九七〇年代の出来事である。ある地方国立大学の附属小学校に教育実習生が何人かやってきた。そのうちのひとりは、あきれるくらいに教育熱心だった。たんなる大学生にすぎないのに、権威者らしくふるまうことに毎日、全力投球していた。

彼は、ある日、受けもった三年生の体育の時間がちょうど終わるころ、そのクラスの子ども全員を整列させた。そして「おまえ！」「おまえ！」「おまえ！」と叫び、三人の子どもの顔を拳骨で殴りつけた。最後に、ひときわ大きな声で「おまえらは、授業態度がわるい！」と叫んだ。そばで見ていた体育の教師は、彼の行動を制止しなかったし、そのあと問題にすることもなかった。その教師にとって、実習生の体罰は当然の行為だった。

殴られた三人の子どもたちは、その実習生を傷害罪で訴えもしなかった。また、傍観していた体育教師を学校教育法第一一条（体罰の禁止）を根拠に訴えもしなかった。三人は、はれあがった頬をタオルで冷やしながら、「あの教生［＝教育実習生］、まったく人間ができてないね」「まったくな」といいながら、すごすごと家に帰った。

ウォーラー（Waller, Willard）の言葉を使えば、「徳の権化」たろうとした教育実習生も、じつのところ、小学生たちの寛大な心によって、犯罪者にならずにすんでいただけである。いいかえるなら、さきにのべた「教育装置」が教育を可能にしていたのである。

権威者から給仕者へ

それから二〇年あまりのあいだに、教師の権威はいちじるしく失われてしまった。一九八〇年代前半に多発した「校内暴力」、そして一九九〇年代にはじまった「学級崩壊」。もはや、ふつうの教師は、自分を権威者であると思うことができなくなった。おそくとも一九八〇年代の後半から、すくなくとも都市部の学校においては、教師は、「人格的な影響を子どもに与えたい」などというセリフを、おこがましくて口にできなくなった。

教師の体罰を黙認するという空気も、理由のいかんにかかわらず、ほとんどなくなった。校内暴力が多発しはじめた一九八一年、おりしも東京高裁の体罰教師逆転無罪判決が出されたこともあって、「体罰是認論」が勢いがましたこともあったが、それも一時のことだった（毎日新聞 1981 5/13, p. 5）。一九九〇年代以降、体罰をする教師は、たちまち「M教師」――問題教師――と見なされ、告発されるようになった。教師は教育的な権威者であるべきだと信じているのは、一部の世間知らずの教育学者だけになってしまった。

こうした教師像の変化とともに、一九九〇年代後半から、教育の概念が大きく変わりはじめた。チャータースクールの設立を大規模にすすめているアメリカの後を追うかたちで、日本の教育も、国家が義務として強制するものから、なんらかの集団――たとえば、非営利団体――によってサーヴィスとして提供される教育へ変わろうとしている。さまざまな教育改革の報告書――たとえば、社会経済生産性本部の『選択・責任・連帯の教育改革』(堤清二・橋爪大三郎 1999)――が、こうした教育サーヴィス論を提唱している。

いま、教師は、実質的に教育という商品を提供し、その対価をうけとるというサーヴィス業の従事者になりつつある。権威者から給仕者へ――この一八〇度の転回ともいえる教師イメージの変化は、一九八〇年代以降の社会構造の大きな変容と連動している。

2　教師の二重のモード

近代的で前近代的な制度

大学の教師をふくめて、一般に近代社会の学校の教師は、近代的でしかも前近代的な制度にささえられてきた。教師は、一方で、近代社会に特有な機能システムとしての教育システムのなかの機能的な役割であると同時に、他方で、世界・宇宙には絶対的な位階的秩序があるという前近代的な思想に裏打ちされた位階的な立場だったからである。

たとえば、中世から近世にかけての日本社会において、お寺の和尚が子どもたちに読み書きを教えていた。それは、のちに広まる「寺子屋」の原型であるが、この和尚の教えるという行為は、近代日本の学校の「教師」の教授行為でもなければ、近代西欧の teacher の teaching でもなかった。厳密にいえば、和尚は、子どもに読み書きをきちんと教えていたのではなく、かなりいいかげんに学ばせていただけである。いいかえるなら、和尚は、子どもに模範を示すことによってその模範を伝達しようとはしていなかったのである。

言葉（日本語）から推測するかぎり、伝統的な日本社会においては、一般庶民のあいだでも貴族社会・武家社会においても、漢訳語の「教師」が——概念としても職業としても——存在したことはなかっただろう。ある人がたまたま「師」という役割を遂行することがあったとしても、それが専業化されたり人格化されたりすることは、なかったはずである（岩谷宏 1982: 149）（「人格化」といったのは、教師という職業が、医者や看護婦と同じように、特定の職業倫理（端的にいえば、人格者）を体現することを前提にしているからである）。

ようするに、日本にかぎらず、人がなにかを認知しなにかに熟達することが日常生活のなかで自然に行われているかぎり、教授・教育を職業とする教師／teacher なる実体は生まれてこない、ということである。「教師」は、あとで述べるように、貨幣をメディアとした経済システムが、日常生活から機能的に分化し相対的に自律したように、教育可能性としての子どもを象徴的な一般メディアとした教育システムが、日常世界から機能的に分化し相対的に自律したときに、実体化していった意味形象である。

代理審級としての教師

近代（現代）の機能的分化とともに生まれた「教師」は、いうまでもなく一定の権威を用いて教育という機能をはたす人である。ここでいう「教師」は、たんなる教示者（instructor）ではなく、教育者（educator）すなわち人格者である（ちなみに、アメリカで educator といえば、教師以外の学校の管理者、つまり校長や副校長をさすが、ここでいう educator は、広いいみで人間形成にかかわる人をさす）。つまり、教師は、その行為によって子どもの人格に影響を与えると考えられていたといういみで、近代的な形象である。

近代社会における教師の権威は、あとでのべるように、教師の人格・存在によって私的に形成される場合もあったが、基本的に公的に付与されたものである。すなわち、教師は、その生きざまの「すばらしさ」「すごさ」において権威者であるのではなく、超越的な審級――絶対的な唯一神、主権国家、実証科学など――の「具体的な代理人」（idola /divina similitudo）として規定されているかぎりにおいて権威者である。つまり、近代社会の教師は、唯一神、主権国家、実証科学などの超越性に支えられた存在である（日本の場合、唯一神はのぞかれる）。

子どもの目線からすれば、このような、超越的な審級の代理人としての教師は、知を独占する存在だった。むろん、近代社会の教師は、中世ヨーロッパ社会の師のように、知を完全に独占する存在ではない。しかし、それでも、近代社会の教師は、今日何を教えるのか、今日どんな宿題をだすのか、というように、教示する知を選択する権利をもっていた。それだけでも、子どもにとっては、教師は知を独占する存在に見えたはずである。

こうしてみれば、近代社会の教師は、なまみの人でありながら、唯一神の代理であるために、信徒にたいしてなまみの人であることが許されない聖職者にひとしかった。あるいは、なまみの人でありながら、あなたの理想の似姿であるために、あなたにとってまるで女神のごとく現象する恋人にひとしかった。つまり、近代的な教師は、〈私／あなた〉という対面的な二者のコミュニケーション関係（二項関係）から排除された第三項だった。

もっとも、念のために補足しておくなら、超越的な審級の代理審級である教師は、現実には、たんなる権威者ではなかった。なぜなら教師は、自分の代理審級性を棚上げするかたちで、生徒と対称的な関係を結ぼうとしてきたからである。容易に理解できるように、この非対称性／対称性の背反性によって、子どもと教師とは、信頼しあいかつ親密になってはならないというアンビバレントな関係を結ぶことになった。

事後心象としての教師

むろん、超越的な審級（唯一神、主権国家、実証科学）による保証がなければ、教師は権威をもつことができない、ということではない。というのも、学ぶ者が教える者に権威を授けることもあるからである。「権威」という言葉に違和感をおぼえるなら、学ぶ者が教える者を「すごいと思う」こともあるからだ、といいかえてもいいだろう。これは、私たちがだれかに私淑するときのことを考えれば、わかりやすいと思う。

私たちの多くは、ある人を自分の――「教師」というよりも敬意を込めて――「先生」と認めることがある。その「先生」はしかし、はじめから自分の「先生」だったのではない。はじめのうち、その人は妙に気にかかることをいうおじさん(おばさん)だったりする。私たちが、その人からなにか重要なことを学んだと思ったあとにはじめて、その人は私たちの「先生」となる。その人からなにも学ばなければ、その人がどれほど優秀な教育者・研究者・思想家であっても、その人は、おじさん（おばさん）のままである。

もっと精確にいうなら、ある人が誰かを先生と認めるときは、その誰かが自分に近い生き方をしている必要がある。ある人が、自分なりに生き方――世界像に支えられた人生のビジョン――をおぼろげながらも設定したあとで、この生き方を自分よりもはるかに鮮明なかたちで語る人、実践している人に出会うときに、つまり「すごい！」「かなわない！」と思ったとき、私たちは、この人を「先生」と見なすのである。たとえば、ドイツのマイスター(Meister)――親方・巨匠・達人を意味する――は、すでに公的な正当性をともなう資格になってしまったが、もともと事後心象としての師を意味していた。

このように考えるなら、私たちは、旧来の教育学における常識的な概念――「教授学習過程」という概念を疑わなければならない。すくなくとも、教授と学習の順序を変えなければならないだろう。人は、教えられたあとに学ぶのではなく、学んだあとに教えられたと思うからである。たしかに、動作に注目していえば、教えるという行為ののちに、学ぶという行為があるように見える。しかし、意味に注目していえば、その教えるという行為（に見える行為）が、本当に教えるという行為になるのは、学ぶという行為が成立したあとである。つまり、人は「学んだ」と思ったあとにはじめて「教えられた」と思うだけである。私たちは、ある人の言葉に「うーん、なるほど」と納得したあとでなければ、その人を「すごい！」「かなわない！」とは思わないのである。

このように考えるなら、超越的な審級の保証を超えたところに成り立つ権威ある教師は、学びのまえに実体として存在するものではない。教員採用試験に合格し教員になっても、一生懸命に研修にはげんでも、それだけで子どもたちが尊敬してくれるりっぱな教師になれるわけではない。子どもの学びにそくしていえば、権威ある教師は、事後的な心象だからである。すなわち、超越的な審級の保証を超えたところに生じる権威者としての教師は、個々の子どもたちの学びのあとに想像的に構成されるイメージだからである。

ようするに、近現代社会におけるじっさいの教師は、まずは二重のモードにおいて存在していた、といえるだろう。すなわち、第一に、教育システムの機能の具体的な装置として、つまり超越的な審級によって保証された代理審級というモードとして存在し、第二に、教師と子どもとの円滑な関係をつくりだす装置として、つまり学ぶ当事者の意識のなかに生じる事後心象というモードとして存在していた、と。

3　ポップ感覚と浮遊感覚

ポップ感覚の時代

これまで教師の背後にあり、教師の権威を支えてきた超越的な審級――唯一神、主権国家、実証科学――は、二〇世紀末からしだいに軽視されはじめた。日本の場合、一九七〇年代後半以降――一九七三年の「石油ショック」に端を発する「狂乱物価」の始まりとともに――高度経済成長と一体の「理想の時代」が終わり、一九八〇年代に「ポップ感覚の時代」が始まるころから、これらの超越的な審級は、超越的ではなくなりはじめた。

一九八〇年代、とりわけ一九八〇年代後半は、いわゆる「バブル経済期」であり、「ポストモダニズム」ないし「ポップ感覚」が叫ばれた時代である。この時代は、消費欲望がふくらみつづけ、生活全体が過剰なモード（流行）で彩られていく時代だった。人びとの関心は、だれもが欲しがる〈高価なもの・有名なもの〉としてのブランドに向かっていった。いいかえるなら、この時代は、脱文脈的な記号のモードを媒介にしながら、身体の脱歴史化、もっとラフにいうなら、人の差異化がもてはやされた時代だった。

一九八〇年代のポップ感覚、すなわち自己言及しさまざまな差異を愉しむという世相感覚を生みだしたのは、自律的に作動する機能システムが社会全域に広がっていったことである。たとえば、情報システムは、情報生産・情報伝達といった機能を果たしていた営みの総体が社会全体（諸共同体）から事実上分離し、自律したものである。経済システムは、生産・消費といった機能を果たしていた営みの総体が社会全体（諸共同体）から事実上分離し、自律したものである。教育システムは、人格形成・学歴付与といった機能を課せられてきた営みの総体が生活世界から事実上分離し、自律したものである。

しかし、一九八〇年代の機能システムには、まだ位階的秩序が組みこまれていた。言説は現実を、戯れは枠組を、情報は教養を前提にしていた。言説・戯れ・情報は自己言及運動していたが、現実・枠組・教養はこうした自己言及運動を抑止する位階的秩序をふくんでいた。たとえば、虚構とわかっている「ヴァーチャル・リアリティ」は広まったが、現実としかみえない「メディア的なリアリティ」は広まらなかった。現実はつねに虚構の前提命題だった。また、「すべては戯れ」と見なされたが、そこには「戯れる人は人格障害や精神障害であってはならない」という暗黙の規範があった。健全はつねに戯れの前提命題だった。浅田彰が思想史から現代芸術におよぶ深い教養をいつも示していたように、どんなにかろやかに見える情報も、深い教養に裏打ちされていた。

ようするに、一九七〇年代後半から一九八〇年代は、一見、水平的な差異化の時代のように見えたが、じつのところ、まだ位階的な秩序化をふくんだ時代だった。人びとは、じっさいにできたかどうかはともかく、〈かがやかしい未来〉のために努力するかわりに、〈さまざまな差異〉を愉しもうと努力していたが、それでもまだ、「教養は記号指向の前提である」「生産は消費の前提である」

「なまの現実は現実像（虚構）の前提である」という広義の位階的秩序を前提にしていた。ブランドを愉しみ、消費を愉しみ、実像（虚構）を愉しむことができたのは、教養、生産、なまの現実が厳然として存在していたからだった。*

＊　ちなみに、「虚構の時代」のもたらす「価値の相対化」と、日本語思考のもたらす「文脈の重層性」は、同じように見えるけれども、かなり違っている。というのも、「価値の相対化」は、ほかの人が自分とは違う価値観をもつことを認めることであり、「文脈の重層性」は、私のなかに異なる文脈が重なることだからである。

浮遊感覚の時代

しかし、一九八〇年代の末から一九九〇年代の前半にかけて、少年・若者たちをめぐる社会情況は変わりはじめた。バブル経済の崩壊、そして天安門事件（1989. 6.）、湾岸戦争勃発（1991. 1.）、ソビエト連邦崩壊（1991. 12.）などの世界の大事件を背景としながら、ポップ感覚になじめなかった若者たちが、内向的な奇妙な生態を見せるようになった。

たとえば、陰湿な「いじめ」が広がり、現世離脱志向のカルト教団がいくつも登場した。「私さがし」なる現象が女性を中心に広がり、「オタク」と呼ばれるマニアックな若者が登場した。彼（女）らのなかには、法律・道徳・良心という底を突きやぶった者もいた。幼女を惨殺した宮崎勤事件（1989. 3）がおこり、小学生・中学生のなかに相手を死に追いやるほどのいじめをくりかえす者が現れ、カルト教団による無差別的なテロ行為（サリン事件　1995. 3）がおきた。

一九八〇年代の末から一九九〇年代の前半にかけて、少年・若者の行動は、どこか諦めに彩られていた。精神科医の大平健が、豊富な臨床経験にもとづいて述べているように、当時の若い人たちの間には「下り坂文化」を見いだすことができた（大平健 2000; cf. 1990, 1995）。それは、大人になればなるほど、生きているのがつまらなくなる、という感覚である。彼（女）らにとって、成人式がなんの感慨も生みださない退屈な行事だったことに象徴されるように、大人になることは、すこしも喜ばしいことではなかった。

彼（女）らの日常感覚は、宮台真司の言葉を使っていえば、「まったり」である。彼によれば、たとえば、一九九三／四年あたりから流行りはじめた「茶髪」は「終わらない日常」を「まったりと生きる」姿を象徴するものである。それは先のみえている将来に期待しないこと、あくせくした競争から降りることである（宮台真司 1995: 100; 2000）。将来は、コスト・ベネフィットを予測し計算できる程度の〈退屈でありきたりなもの〉だった。

将来は退屈でありきたりだという思い。目的をもてずただまったりとする毎日。その日にやりたいことだけをやる毎日。人生をかけるような企ての放棄。「いじめ」の陰湿さ、「カルト」「オタク」の自閉性、「私さがし」の内向性——これらの背景に、こうしたなんともつかみどころのない日常感覚——浮遊感覚の蔓延を見いだすことができるだろう。

4 全面的な機能的分化

システムに寄生し、すみやかに選択

一九八〇年代の末から一九九〇年代の前半にかけて生じた社会情況は、べつの言い方をするなら、明治維新以来、国家政策として展開されてきた天皇制的・家族的国家像——パターナリスティックな国家像——が根本的にゆらいでいく、という情況である。とりわけ、先輩による後輩の指導、科学による民衆の啓蒙、国家による国民の教導のような、位階性にもとづく他者への配慮が、少年・若者のあいだで軽んじられるようになった。年長者・知識人・施政者にとっては、少年・若者が自分たちが知っていた日本的な少年・若者ではなくなった。

一九九〇年代からの年長者・知識人・施政者の権威喪失、子どもの変容の背後に見えるものは、機能的秩序が社会全体に蔓延していくという情況である。とりわけ、一九九〇年代半ば以降、日本社会では、経済システム、政治システム、教育システム、医療システムなどの、さまざまな機能システムの有用性指向が目立つようになった。それは、ルーマンの近代社会論が、おおまかなところで、妥当するような情況であるといえるだろう。

これらの機能システムは、それぞれに固有の利害関心をもっていた。ルーマンの言葉を用いていえば、機能システムは、それぞれに固有の「メディア」——ごく簡単にいえば、ある種のコミュニ

ケーションのなかで人びとが求め合い、奪い合うもの――をもっている。それぞれの機能システムのメディアに共通するところが乏しいために、それぞれの機能システムは背反したりずれたりする。端的な例は、家族のなかでの父親の地位が、多くの場合、職場のなかでの労働者の地位と一致しないことである。父親という地位と労働者という地位との矛盾は、機能的秩序の蔓延する社会では、自然な現象である。

しかし、より重要なことは、これらの機能システムから位階的秩序が喪われていったことである。市長が市長であるだけで、医師が医師であるだけで、教師が教師であるだけで権威をもち信頼された時代が、終わろうとしていることである。たとえば、家族のなかの父親の地位は、父親としての機能性（有用性）で決定されるようになり、職場のなかでの労働者の地位も、労働者としての機能性（有用性）で決定されるようになりつつある。つまり、位階的秩序の衰微とともに、父親という地位と労働者という地位との矛盾よりも、父親としての・労働者としての機能性（有用性）の多寡が問われるようになりつつある。

一九八〇年代の末から一九九〇年代の前半にかけての子ども・若者がなじみ、学んだものは、位階的秩序という障害に邪魔されない、〈すみやかな選択〉である。この時代、子ども・若者が必要とした大人は、服従することを命令する指導者ではなく、すみやかな自己選択を援助する助言者である。規律への服従を要求する指導者ではなく、相手に自分の意見を聞いてもらうために相手の信頼をかちえようと一生懸命に努力する助言者である。

しかし、この時代に教師（大人）たちが、助言者として、子どもたち・若者たちから全面的な信頼をかちえようとしても、それは容易なことではなかった。すくなくない子どもたち・若者たちが、進学、就職、結婚、出産、子育て、定年、……といったライフコースを〈ありきたりなもの〉と感じていたからであり、この〈ありきたりなもの〉に自分たちを縛りつけているのは、ほかならない教師（大人）だと感じていたからである。つまり、この時代に、教師（大人）は、機能システムの一部であり、自分たちを機能システムに「寄生」させようとしている張本人（悪の権化）と見なされていた。

ちなみに、一九九五年にリオタール（Lyotard, Jean-François）が述べたことは、日本の一九九〇年代にも妥当することだろう。彼は、二〇世紀末期の世界は、これまで以上に「システム」に支配されている、と述べた。すなわち、システムから逃れようとしたり、システムを変えようとしたりする努力・意思そのものが、すでにシステムによって予測されているし、そのなかに組み込まれている、と（『朝日新聞』（夕刊）1995. 9/12）。

社会の流体化指向

学校の位階的秩序を破壊したもの、〈ありきたりな将来〉というイメージと〈すみやかな選択〉というやり方を蔓延させたもの、そして機能システム寄生を常態化したものは、社会全体の構造変容である。それは、端的にいえば、全面的な機能的分化である。

いまや、何を買うべきか、何を知るべきか、何をするべきかは、個人がそれぞれ自己決定しなければならない。しかし、自己決定する個人は、「私」を肥大させているというよりも矮小化している。主役は、自己決定する個人ではなく、自動運動する機能システムだからである。人は、いわば、機能システムに群がるハエのようなうっとおしい存在か、機能システムのなかに位置づけられてはじめて存在意義を与えられるような情けない存在ではないだろうか。

バウマンの言葉を借りていえば、一九八〇年代の末あたりから、先進社会は、〈より巨大・より固定的・より普遍的であること〉よりも〈より早い・より軽い・より動かしやすいこと〉を最優先する社会、すなわち「流体化」を指向する社会になりはじめた(Bauman 2000: 12=2001: 18)。主要な機能システムが、すでにその基本構造を確立しおえて、より早く・より軽く・より動きやすくすることに腐心しはじめた、といってもいいだろう。

一九九〇年代に指摘されるようになった「グローバル化」は、こうした社会の流体性指向を端的に表している。グローバル化は、経済に限定された現象のように見えるがそうではなく、人びとの生き方全体にかかわる現象である。それは、世界に展開する経済システムが、人材・資本・商品・情報をつうじて、特定の共同体(国家・地域)にねざした経済活動を浸食することであると同時に、有用性・機能性を追い求める機能システムに閉じこめられた人びとが、ひたすら新奇なるものを追い求め、固定的なものを捨て去り、刺激に富んだ生を希求することである。費用便益分析(cost-benefit analysis)はしたがって、グローバル化のなかでもっとも重視される能力である。こうしたグローバル化の流れのなかでは、慣習的なものを再生産したり、安心できる秩序に寄りかかったり、平穏にみちた生を希求することは、時代遅れと見なされるのである（佐伯啓思 2001を参照）。

教育システムのメタ機能

教育システムも、社会のこうした流体化と無縁ではなかった。教育システムは、たしかに「人間の完成」という高邁なヒューマニズムを説いてきたが、その一方で、「有用性」に支配された計算高い子どもを増殖させてきたからである。経済の市場競争は、教育の競争試験と同じものだし、経済人が会社の発展・成功の役に立つことを最優先してきたように、教育者も子どもの発達・成功の役に立つことを最優先してきたからである。一九九九年におこった「学力低下論争」（たとえば、寺脇研・苅谷剛彦 1999）が端的に示しているように、メリトクラシーは、あいもかわらず教育システムの基本的な規則である。

なるほど、ボールズ＝ギンティス、[*] ブルデューの再生産理論にもとづいていえば、親の経済資本・文化資本によって子どもの豊かさが決定される蓋然性の高い社会においては、ＩＱと努力の結晶である「メリット」を何よりも重視するメリトクラシーは、絵に描いた餅にすぎない（Bowles=Gintis 1976, 2002; Bourdieu 1970=1991）。一九六〇年代後半から七〇年代の高度成長期はともかくとして、一九八〇年代から九〇年代にかけての日本社会は、まさにそうした社会のように見える。

＊　二〇〇二年に、ボールズ＝ギンティスは、二五年前の自分たちのテーゼが近年の実証研究によっ

て支持されていることを論じる論文を公表している。Bowles=Gintis 2002 を参照。

自分の享受する豊かさが、自分自身の努力によってではなく、親の経済資本・文化資本によってもたらされる、とわかってしまえば、努力する必要性は乏しくなるだろう。山田昌弘が述べているように、「自分の努力によらずに豊かな層（パラサイト・シングルに代表される）は、生活にあくせくしなくてもよいと思い、逆に、親に依存することができないあまり豊かではない層（親の援助なしの一人暮らし者に代表される）は、生活に追われ、努力してもしかたがないと思」うかもしれない（山田昌弘 1998: 124）。

こうした諦念の広まる可能性を否定することはできないが、多くの子どもたちにとって、メリトクラシーは、やはり歓迎するべき規準のままだろう。というのも、「学力」であれ、「ボランティアへの参加」であれ、親・教師によって高く評価されるもの（メリット）は、個人として生きざるをえない子どもたち自身の有用性を示す唯一の指標だからである。つまり、子どもたちが問題にすることは、豊かさよりも、他人からの承認である。地域的、家族的、学校的な共同性が希薄になっているとき、子どもたちは、自分を——豊かにしてくれるものではなくても——高く（それなりに？）評価してくれるものを手放すはずがないだろう。

子どもたちが引き込まれるメリトクラシーの世界は、他人はいても他者はいない世界である。となりにすわっている彼（女）も、蹴落とさなければならない敵である。となりにすわっている彼（女）は、自分を承認してくれる存在でもなければ、自分が承認する存在でもない。それでも、彼（女）をあからさまに敵視したり無視したりすることはできないから、しかたなく愛想笑いをする。「ええーっ　勉強なんてしてないよー」といいながら。そして、その愛想笑いが、自分から他者をますます遠ざけていく。

子どもたちは、日々学校においてメリットを追い求めることによって、メリトクラシーを制度化していく。多くの教師は、子どもがよりよい成績・評価を求めて努力することはあたりまえのことだ、と思っている。親のなかには、「テストで間違えるような子は、うちの子じゃありませんよ」、という親もいる。子どもは、なぜ自分が成績のいい友だちにたいしてむかつくのか、わからない（金田一清子 1998; 富田充保 2002）。「何のためにいい成績・評価をえなければならないのだろう」と思うが、わからない。大人は、ぼろぼろになるまでメリットを追い求めているが、あまり幸福そうに見えないのである。

メリトクラシーの制度化という教育システムのメタ機能は、かつてイリイチが「学校化」（schooling）という概念によって、より精確にいえば、「価値の制度化」（institutionalization of values）という概念によって示そうとした現象と似通っている。価値の制度化は、「目的を実現する過程と目的とを混同する」ことであり、教育についていえば、教授されることと学ぶこととの混同、進級することと学ぶこととの混同、資格をえることと学ぶこととの混同である（Illich 1970:1=1977: 14）。つきつめていえば、イリイチのいう「価値の制度化」は、生き生きと生きるうえで役に立たなくても、地位を保全し既存の社会に同調するうえで役に立つものを獲得し所有する傾向である。

学校教育において子どもの発達・成功を判断する尺度は、すくなくともこれまでのところ、子どもが生き生きと学んでいるかどうかを判断する尺度ではなかった。身長・体重・視力・聴力といった身体的な尺度によっても、成績という学力的な尺度によっても、一人ひとりの子どもが生き生きと学んでいることを判断することはできない。それは、子どもの「眼の輝き」のような、実証主義を信仰している人が吐き捨てるようにして拒否するだろう、現象学的・存在論的な指標によってしかとらえることのできないものである。

4　全面的な機能的分化

教育システム――小学校・中学校だけでも、六〇万人をこえる教員が帰属し、二〇兆円をこえる年間予算が投入される巨大な機能システム――のなかで、教育者は、知らず知らずのうちに、彼(女)らを苛む子ども、すなわち生き生きとした学びから切り離されて浮遊する子どもの生成に荷担してきたといえば、いいすぎになるだろうか。

むろん、子どもたちを浮遊感覚に追いやったのは、教育システムだけではない。私たちの多くも、子どもたちを浮遊感覚に追いやることに、知らず知らずのうちに荷担してきた。私たちの多くは、機能システムに寄生しすみやかに選択することが、どうしてノーマルな暮らし方なのか、その理由を知らないまま、そう生きているのではないだろうか。その社会学的な無知ゆえの安穏は、「どうして勉強しなくちゃいけないの?」という子どもの直截な問いによって、たまに破られることがあるが、その根本的な問いさえも、たとえば、「子どもの興味を引きだす教育方法の開発」「学力低下に歯止めをかけるカリキュラムの開発」という、それ自体は真摯な試みによって、忘れられてしまうのではないだろうか。

ともあれ、ここでは、次の二点を確認するにとどめよう。第一に、日本の教師は、もともと学びの先行性にささえられた事後心象であり、かつ唯一神・主権国家・実証科学の超越性に支えられた代理審級であるという、背反的ながら権威ある存在だった、ということである。第二に、こうした近代の教師の二重モードは、一九九〇年代にはじまった社会の全面的な機能的分化とともに、その代理審級としての権威が実質的に剝奪されることによって、また学校化が進行し、学びそのものが教育システムからすくなからず排除されることによって、大きくゆらいでいる、ということである。

〈文献表〉

稲垣忠彦・久冨善之編　1994　『日本の教師文化』東京大学出版会。
岩谷宏　1982　『にっぽん再鎖国論——ぼくらに英語はわからない』ロッキングオン社。
大澤真幸　1994　『意味と他者性』勁草書房。
大澤真幸　1996　『虚構の時代の果て——オウムと世界最終戦争』筑摩書房。
大平健　1990　『豊かさの精神病理』岩波書店。
大平健　1995　『やさしさの精神病理』岩波書店。
大平健　2000　「バブル末えい多様化」『朝日新聞』朝刊　2/13, 2000, p. 8.
加藤尚武　2000　『子育ての倫理学——少年犯罪の深層から考える』丸善。
金田一清子　1998　「苦悩する子どもの心によりそって」『教育』8月号。
小浜逸郎　2000　「退屈だから殺す」『Voice』7: 197–203.

佐伯啓思 2001 『貨幣・欲望・資本主義』新書館。
高山文彦 1998 『「少年A」14歳の肖像』新潮社。
堤清二・橋爪大三郎 1999 『選択・責任・連帯の教育改革——学校の機能回復をめざして』勁草書房。
寺脇研・苅谷剛彦 1999 「徹底討論 子供の学力は低下しているか」『論座』10月号。
富田充保 2002 「今日の子ども社会における暴力化の道のり」『教育』6月号。
見田宗介 1995 『現代日本の感覚と思想』講談社。
前田雅英 2000 『少年犯罪——統計からみたその実像』東京大学出版会。
宮台真司 1995 『終わりなき日常を生きろ——オウム完全克服マニュアル』筑摩書房。
宮台真司 2000 『まぼろしの郊外——成熟社会を生きる若者たちの行方』朝日新聞社。
宮台真司・藤井誠二 2001 『脱社会化と少年犯罪』創出版。
山田昌弘 1998 『パラサイト・シングルの時代』筑摩書房。

＊

Bauman, Zygmunt 2000 *Liquid Modernity*. Cambridge: Polity Press. = 2001 森田典正訳『リキッド・モダニティ——液状化する社会』大月書店。
Beck, Ulrich 1986 *Risikogesellschaft: Auf dem Weg in eine andere Moderne*. Frankfurt am Main: Suhr Kamp. = 1998 東廉・伊藤美登里訳『危険社会——新しい近代への道』法政大学出版局。
Bourdieu, Pierre and Passeron, Jean-Claude 1970 *La Reproduction: Élements pour une théorie du système d'enseignement*. Paris: Editions de Minuit. = 1991 宮島喬訳『再生産——教育・社会・文化』藤原書店。
Bowles, Samuel and Gintis, Herbert 1976 *Schooling in Capitalist America: Educational Reform and the Contradictions of Economic Life*. New York: Basic Books. = 1986 宇沢弘文訳『アメリカ資本

主義と学校教育』岩波書店。

Bowles, Samuel and Gintis, Herbert　2002　“Schooling in Capitalist America Revisited,” *Sociology of Education* 75(1): 1-18.

Illich, Ivan　1970　*Deschooling Society*. New York: Harper and Row. = 1977　東洋・小澤周三訳『脱学校の社会』東京創元社。

Lynch, Tony　1993　“Skepticism about Education,” *Educational Theory* 43(4): 391-409.

Luhmann, Niklas und Schorr, Karl Eberhard　1988　*Reflexionsprobleme im Erziehungssystem*, 2 Aufl. Frankfurt am Main: Suhrkamp. = 近刊　田中智志監訳『教育システムの反省問題』世織書房。

第2章　伝達という幻想
——言葉は伝わらない

Transmission as Modern Illusion: On Self-Socialization

abstract　現代日本社会においては、機能的関係、とりわけ商業的関係が教育的関係に優越し、教育的関係そのものの正しさが疑われている。こうした状況を克服するためには、教育的関係の根本的な概念転換が必要である。ヴィトゲンシュタインの理解概念とルーマンのコミュニケーション論に、その糸口を見いだすことができる。ヴィトゲンシュタインの理解概念にもとづいて考えるなら、旧来の規律化指向の教育的関係は、理解の自己生成性、つまり学びの全体性を軽視していたことがわかる。また、ルーマンのコミュニケーション概念にもとづいて考えるなら、旧来の規律化指向の教育的関係は、社会的コミュニケーションに見いだせる交互的な自己反照性を軽視していたことがわかる。自己生成する理解、そして交互的な自己反照を喚起するコミュニケーションを核とした教育的関係は、商業的関係を対象化する契機をつくりだすとともに、その背後で進行している、たえず高進しつづける機能的分化に由来する現代の教育的関係の危機を乗りこえるきっかけをもたらすだろう。

1　教育的関係の危機

一九九〇年代末あたりに出された学級崩壊の記録*を読むときに、私たちは、子どもたちが旧来の学校的な教育形態を無視・嫌悪している、という印象をうける。すなわち、あらかじめ定められた「勉強」の目的を疑い、教師―生徒の上下関係を嫌っているように見える。こうした印象を裏付けるように、学校・教師の権威の低下を示す「友だち教師」が増大し、学校的な子どもの存在様式をさす「小学生らしさ」「中学生らしさ」といった表現が当の小学生・中学生につうじなくなっている。学校における教師と子どもとの相互行為――いわゆる「教育的関係」は、いまやその存立そのものが危機に瀕している、といっていいだろう。

* たとえば、『季刊　現代と教育』（No.49）桐書房、河上亮一（1999）、河上亮一（2001）、朝日新聞社会部（1999）。

それにしても、なぜ今、従来の教育的関係は危機に瀕しているのだろうか。しばしばその原因は、いわゆる「ポストモダン」的な情況に、すなわち高度な情報社会化・消費社会化に求められている。たとえば、佐々木賢（1999）は、情報社会化・消費社会化によって一般的なコミュニケーションの形態が「商業的コミュニケーション」のそれにシフトするなかで、それと背反する「教育的コミュニケーション」つまり従来型の教育的関係が疎んじられていく、と述べている。大まかにいって、同様の見解を示している論者は少なくない。*

＊　たとえば、諏訪哲二(1999)、宮台真司(1994)、田中智志(1999a)。

もしも、従来型の教育的関係がもはや回復できないとすれば、学校的な教育形態はどうなるのだろうか。なくなってしまうのだろうか。しかし、教育の未来をあれこれ憂慮するまえに、そもそも従来型の教育的関係は子どもの成長にかかわるコミュニケーションの本態なのか、もう一度よく考えてみよう。そうすると、たぶん従来型の教育的関係は子どもの成長にかかわるコミュニケーションの本態ではない、ということがわかるだろう。すくなくとも、私たちがこれから、「教育(的)」という言葉をポジティブな意味で用いようと思うなら、従来型の教育的関係とは異なる教育的関係の形態を受け入れる準備をしなければならないだろう。

ともあれ、まずは、従来型の教育的関係の特徴を確認しよう。そのあとで、自己生成的な理解(社会化)の重要性を、ヴィトゲンシュタインの理解概念をつうじて敷衍し、それにふさわしいコミュニケーション形態をルーマンのコミュニケーション論をつうじて敷衍したい。彼らの議論は、これまでの社会化概念、コミュニケーション概念を非伝達過程として、つまり非学校的なものとして捉えているからである。

２　教育的関係の特徴

そもそも、これまでの学校的な教育的関係はどのような特徴をもっていたのだろうか。佐々木賢(1999)の議論にもとづきながら、メディアの内容、メディアの機能、受け手の自由度、社会関係の形態という四点から、教育的関係と商業的関係との違いを整理してみよう。*

＊　市場が、商品を売り／買うという関係がつくりだす場であるなら、それは互いに便益をうばいあうところである。すなわち、売り手は利益という便益を求め、買い手は満足という便益を求めるところである。そして、どれほど綿密で広範な市場調査を重ねようとも、売り手にとっては、売れるか売れないかは、つねに賭けであるという側面をもつはずである。これから述べるように、この賭けの側面が見えにくくなっているとすれば、それは、商業的コミュニケーションが経済システムに織り込まれてきた結果、そうなったと考えられるだろう。

旧来の教育的関係

第一に、これまでの教育的関係におけるメディアの内容(伝達内容)は、子どもの発達・成長という目的のために社会的な必要にもとづいて選択されたものであり、心理学的な発達段階にしたがって配列されている。これにたいして、商業的関係におけるメディアの内容(商品・価格)は、資本増殖という目的のために「大衆的な需要」にもとづいて選択されたものであり、配列の基準といえるようなものがあるわけではない。

第二に、これまでの教育的関係におけるメディアの機能は、子どもの欲求を制限することであり、またメディア（教育内容・教育行為）にたいする子どもの評価を下すことではなく、子どもにたいする教育者の評価（学習評価）を下すことである。これにたいして、商業的関係におけるメディア（商品・価格）の機能は、消費者の欲求、つまり「大衆的な需要」を創出することであり、また消費者にたいする生産者の評価を下すことではなく、メディアにたいする消費者の評価を下すことである（つまり、その消費者の評価を、次のコミュニケーション（つまり商品開発・価格設定）に反映することである）。

第三に、これまでの教育的関係の場合、メディアの受け手（子ども）の自由度は小さかったが、商業的関係の場合、その自由度が大きい。すなわち、従来の学校では、子どもが選択できる伝達内容の数は相対的に少なかったが、市場では、買い手が選択できる流通商品数は相対的に多い。また、従来の学校では、子どもの出席・着席を重視することで子どもの身体を物理的に拘束してきたが、市場では、買い手を物理的に拘束したりしない。

第四に、これまでの教育的関係の形態は固定的な上下関係（非対称的な関係）だったが、商業的関係の形態は対等関係をよそおいながら、商品提供者が商品受容者の欲望をつくりだすことで彼（女）らを支配するという上下関係である。たとえば、これまでの教育的関係のメッセージ（教訓・叱責）は上意下達的であり、子どもに教師ないし学校にたいする恩義ないし負債を感じさせたが、商業的関係のメッセージ（ようするにCM）は、買い手に何の恩義も負債も感じさせないまま、彼（女）らの欲望を生みだしていく。

社会の流体化のなかで

このように、従来型の教育的関係と商業的関係とを対比するなら、子どもたちが教育的関係よりも商業的関係に引き寄せられる理由は、明らかである。それは、水が高い所から低い所に流れることにひとしい。商業的関係のように伝達内容にも欲求にも制約がないほうが「らく」だし、社会関係も対等であるほうが「らく」だからである。裏ビデオを日常的に見ているのにそんなものは見たことがないような顔をすることも、「お言葉ですが……」とか「仰るとおりです」といった敬語を使うことも、めんどうである。

また、子どもたちが「らく」をしようとするという情況は、子どもたちを小さく囲っていく。教育社会学者のバーンスタインの用語を用いていうなら(Bernstein 1971=1981)、生活の文脈を共有しない者同士が使う抽象性の高い「精密コード」に従ってしゃべることよりも、生活の文脈を共有している者同士が使う具体性の強い「制限コード」に従ってしゃべることを、子どもたちは選択するようになる。むろん、そのほうが「らく」だからである。苦労や我慢が評価されないわけではないが、それらはすくなくとも将来の見返りのためではなく、アクセントとして要請されている。

こうした傾向は、日本だけでなく一九九〇年代以降の機能的な分化の高進とともに生活世界が分断されていく先進西欧社会に共通してみられる傾向であり、バウマンは、それを「流体的なモダニティ」(liquid modernity)と呼んでいる(Bauman 2000)。

こうした社会の流体化が避けがたい情況であるとすれば、旧来の教育的関係は、消えさる運命にあるのだろうか。こうした情況に危機意識をもち、教育の公共性を論じることは、むろん重要なことである。しかし、もう一つ重要なことが残されている。それは、そもそも旧来の教育的関係の反市場的な特徴は子どもの成長にかかわるコミュニケーションの本態か、と問うことである。なるほど、これまでの教育的関係の反市場性は規律化を指向する学校によくみられる。それは、「教育システムの権威によって付与される教育的関係の諸特性」(Bourdieu=Passeron 1970=1991: 138)であり、この教育システムの権威の源泉は唯一神、主権国家、近代諸科学の正当性である。

しかし、こうした唯一神、主権国家、近代科学の正当性に裏付けされた教育的関係の背後にありながら、その規律化の営みによって忘れさられているものがある。それは、ブルデューが「学校的な習得の様式」から区別する「目にみえない慣れ親しみによる習得の様式」であり(Bourdieu=Passeron 1970= 1991: 150)、ルーマンが操作的な行為としての「教育」から区別する自己生成的な学びとしての「自己社会化」である(Luhmann 1987, 1984=1993: 325)。これらの区別は、大まかにいえば、教育社会学における「顕在的カリキュラム」の運用と「潜在的カリキュラム」の機能という区別に対応している。

ここで確認したいこととは、こうした自己社会化的な理解、ないし自己生成的な理解の重要性であり、それにふさわしいコミュニケーションの形態である。以下、自己生成的な理解の重要性を、ヴィトゲンシュタインの理解の概念をつうじて説明し、その理解にふさわしいコミュニケーション形態をルーマンのコミュニケーション論をつうじて示唆しよう。

3　理解の自己生成

心理学的な理解

ものごとがわかることとは、ものごとの規則を理解することである。すなわち、Aという場面ではaという行為がふさわしいが、Bという場面ではbという行為がふさわしいといった規則を理解することである。それは、あきらかに心のなかの出来事である。だからこそ、理解はこれまで心理学のあつかう事柄である、と考えられてきた。

しかし、わかること（規則の理解）は心的な現象であると考えると、説明できないことが起こってしまう。たとえば、私たちは、ある種の痛みを「歯がずきずきする」と表現する。それは一つの規則の理解である。ある種の痛みを感じる場合、それは「歯がずきずきする」と表現するという規則を理解することだからである。しかし、私にとっての「ある種の痛み」「ずきずきする」状態は、あなたにとっての「ある種の痛み」「ずきずきする」状態となぜ一致するといえるのだろうか。私の痛みをあなたは知りえないのだから、私にとっての「ある種の痛み」と「ずきずきする」状態とあなたにとっての「ある種の痛み」と「ずきずきする」状態との一致を保証するものはないはずである。

つまり、ヴィトゲンシュタインふうにいえば、理解を心理的な事象と考えると、規則は行為の仕方を一意的に決定できない、というパラドクスが生じるのである。「なぜなら、いかなる行為の仕方もその規則と一致させられうるからである」(Wittgenstein 1968=1976: I. §201)。ある規則Aは、それが独立した主観である私たちそれぞれに内在化されたときに理解されたことになるとすれば、その理解された規則は、a、b、……と行為者の数だけ存在しうるとともに、その規則に従う行為の仕方も、a'、b'、……と行為者の数だけ存在しうることになる。したがって、規則Aは、行為の仕方を一意的に規定することができない、ということになる。

確認しよう。ここでヴィトゲンシュタインが前提にしている「心」は、「以心伝心」という日本の俗諺、「ミメーシス」という古典的な概念に暗示されているような、他者の心とどこかで共鳴する心ではない。それは、ジーア(Gier 1981)が詳細に論じているように、デカルトのコギト、ライプニッツのモナドに象徴されるような個人の心、心理学的な心、西欧近代社会に登場してきた絶対的に孤立している存在者――自律的な個人の心である。

自律的な個人という孤立的な存在者にとっては、心はそのまま世界である。たとえば、「痛み」は、それを感知している自律的な個人にのみ帰属する心的な客体としてあらわれる。このように、心的な現象が特定の存在者にのみ帰属するのなら、その人のどのような心的な現象を指示する記号もつねに正しいものになる。その人にしか、その人の心的な現象はわからないからである。しかしそうなると、この正しさは他人にはわからない正しさでしかない。そのような正しさは、ふつう「独善」と呼ばれている。

理解が独善的な理解（？）である場合、理解は規則による行為決定の不可能性というパラドクスをまねく。理解とはそういうパラドクスをはらんだものだとあきらめ、納得しようとする人もいるだろう。しかし、それは許されない。つきつめていえば、このパラドクスは、規則の理解が多義的になることだけでなく、他人につうじる言葉はありえないということ、つまり相互の意思疎通の不可能性を意味しているからである。

理解が独善的な理解となり、意思疎通が不可能になるということは、しかしたんなる机上の推論ではないかもしれない。宮台真司(1994)がフィールドワークをつうじて指摘し、田中裕喜(1999)がその解決策を模索しているように、一九九〇年代半ばから、家族的国家像がくずれ、「日本的な子ども」が薄れている現代日本社会においても、世代間・集団間・個人間で文脈が共有されにくくなり、言葉は、ますます伝わりにくくなっているからである。

言語ゲーム論的な理解

さて、ヴィトゲンシュタインは、どのようにこの規則による行為決定の不可能性というパラドクスを解消したのだろうか。有名なクリプキ(Kripke 1982=1983)の議論によれば、ヴィトゲンシュタインは、規則に従う行為はその通念の対偶命題であると考えることで、このパラドクスを解決しているという。すなわち、〈人は心の中である規則の正しさを信じているから、その規則に従って行為する〉のではなく、〈人は他者から正しいと承認されるように行為しないときに、規則に従っていると見なされない〉と考えることで、このパラドクスを解決した、と考えられている(Kripke 1982=1983: 155)。

わかりにくい話だろうから、次のように理解することにしよう。ヴィトゲンシュタインは、正しい行為を生みだすものを孤立状態にある自律的個人の心的な世界に見いだすのではなく、社会的である言語使用法に見いだすことで、先のパラドクスを生みだす前提自体を否定し、パラドクスを解消しようとした、と。ここに立ち現れる人間は、それぞれ自律的でありながら、似ている言語を使用するからこそ、同期的に行為し理解する人間である。

たとえば、幼い子どもは、言葉の意味を精確に知ることなく、使う。ある三歳の男の子は、ケガをして血が出たときに「ちがかでた」「ちがかでた」といった。これを聞いた親は、大笑いしながら、「ちがじゃなくて、ち」と訂正した。このとき、親は「ちが」ではなく「ち」であるべき理由を説明したわけではない。ただ間違いを訂正しただけである。つまり、間違いの訂正によって、その子に社会的な言語用法を明示したのである。

このようなクリプキ流のヴィトゲンシュタイン解釈をふまえて、彼の理解の概念を確認するなら、さらに次のような特徴を見いだせるだろう。すなわち、理解が生成する根本的な条件は、当人が理解されるべき規則にみちた世界に参入し、その世界の「生活の形式」になじむことである、ということである(Wittgenstein 1969a=1975: 318, 319, 320, 321)。人類学者が未知の民族文化を知りたいと思えば、そこで生活するしかないように、生徒が未知の数学を知りたいと思えば、数学的な世界になじむしかない(cf. Wittgenstein 1968=1976: I. §241, cf. Wittgenstein 1978: I. §74)。

規則は、その規則が自然に運用されている言語ゲーム(Sprach Spiel)、つまり一定の情況に織り込まれている人びと、そのコミュニケーションに織り込まれている言葉の使い方*——このすべてから独立して存在している客体的なものではなく、その情況に織り込まれている文脈的なものである。いいかえるなら、「言葉の意味は、辞書的な定義のように箇条書きで与えられるものではなく、言語劇の全体として与えられるものである」(大森荘蔵 1989: 25)。つまり、言葉にかんする規則は、その言葉を使う行為をふくむ関係性全体から得られるものである。

＊　このような言語ゲーム概念のとらえ方は、大森荘蔵(1989)、丸山恭司(1992)のとらえ方と同じであり、とりわけ大森は、言語ゲームを「言語使用劇」「寸劇」と形容している。

五感のすべてがこの言語ゲーム(生活形式)になじんでいくなかで、私たちは有限の事例から無限の規則適応性を会得していく。それこそ、私たちが「わかった!」と感じることである。たとえば、1+1=2、1+2=3、1+3=4、という加法のやり方、この紙に書かれた「し」も、あの絵本に書かれた「つ」も、というひらがなの読み方は、無限に提示されるわけではない。与えられる事例は有限である。しかし、この事例の有限性は適用の無限性を生みだし、そのときはじめてその事例の規則は理解されたことになる。

したがって理解は、すべての事例の帰納的な一般化、すなわちすべての事例に共通するものを確認しそれを規則と見なすことではなく、有限個の事例からの論理的な飛躍である。つまり、私たちは、充分に確かめたわけでもないのに、「わかった！」と叫び、わかるのである。ヴィトゲンシュタインからみれば、「習うより慣れろ」という俗諺も「人生は原理原則ではなく応用問題から先にやってくる」といった人生哲学も、至言である。

理解というプラクシス

それにしても、なぜ人間は有限の事例から無限の規則適用を確信するようになるのだろうか。いいかえるなら、なぜ人間は有限の体験から抽象的な言葉の意味を理解できるのだろうか。この問いにヴィトゲンシュタインは明示的に答えていないが、断片的な彼の考察（Wittgenstein 1968=1976: I. §65）を拾い集めて考えるなら、次のように答えられるだろう。言葉の意味の理解は、かならずしもそれに対応する体験を必要としないからである、と。

ヴィトゲンシュタインは、次のように述べている。「名前や文が意味をもつのは、それらが属している記号操作のシステムにおいてである。このシステムはいわば自律的である。――言語はそれ自身で語るものであるほかない」（Wittgenstein 1969b=1975/6: I.§27）。つまり、ある命題の理解を可能にするものは、それに関連するすでに理解された命題の連関である（それは大まかにいって、フーコーのいう「言説」、ルーマンのいう「意味世界」である）。

大森荘蔵(1992: 166ff)が言及している事例*をここに再録しよう。生後五ヶ月で全盲になったある子どもは、「目が見える」という命題の意味を体験から理解することができないにもかかわらず、他の子どもの「目が見える」ことを完全に理解した(ちなみに、その友だちも、「目が見えない」という命題の意味を体験から理解することができないにもかかわらず、その子どもの「目が見えない」ことを完全に理解した)。おそらくこの全盲の子どもは、「目が見える」という体験以外の体験を命題化(意味化)し、それらの命題(意味)と「目が見える」という命題(意味)との連関を了解することで、「『目がみえる』という命題の意味を文脈的に了解する」(大森荘蔵 1992: 167)にいたった、と考えられる。

* この事例のもともとの出典は渡辺由利編(1986)。

「目が見える」の意味は、その意味が「目が見えない」の意味から区別されるから理解されるが、それだけでない。「目が見える」の意味は、その命題が、「目」は「耳」でも「手」でもないという命題、「見える」は「さわる」でも「たべる」でもないという命題など、「目が見える」という命題に関連する諸命題(サブ命題)から区別されるから理解される。つまり、意味を理解するうえで、その意味に対応する体験をすることは不可欠な条件ではないのである(したがって、教育現場において体験の重要性ばかりを強調することは、体験できない者を差別し学習機会を奪うことである)。

これに関連することは、言語ゲームになじむことの重層性である。すなわち、ある言語ゲームの規則を理解することは、その規則の前提命題もこみで理解することである。たとえば、日本語は知っていても、りんご三個とみかん三個が等値であるという数量の抽象性を理解していない子どもは、「りんご三個とみかん三個を足すといくつですか」という問題を理解することができない。りんごとみかんとは足せないと思うからである。また、文字は空間座標によって位置づけられるという文字の座標系を理解していない子どもは、「こし」をいつと読んだり、「いつ」をこしと読んだりする。「こ」を九〇度まわせば「い」であり、「し」を裏返し九〇度まわせば「つ」だからである。

つまり、もっとも単純な加法の問題も、ひらがなの読み方の問題も、それらよりも抽象度の高い区別＝規則を理解していなければ、その問題そのものを理解することができない。とはいっても、足し算ができる子どもも、ひらがながわかる子どもも、単純な加法を理解するまえに数量の抽象性を理解したわけでも、ひらがなの読み方を理解するまえに文字の座標系を理解したわけでもない。足し算のやり方をまねるなかで加法の規則に従うようになり、ひらがなの読み方をまねるなかで言語認識の規則に従うようになるからである。それは、懐疑するまえに模倣するということである。ヴィトゲンシュタインは、それを「理解はただ規則に従うこと」と表現し、そのいみで理解は「プラクシス」(Praxis)である、と述べている(Wittgenstein 1968=1976: I.§202)。

理解の自己生成

このようなヴィトゲンシュタインの理解の概念にもとづいて考えるなら、子どもに規則を理解させるために必要なものは、その規則を概念的に説明し正当化する「教授者」(instructor)というよりも、言語ゲームそのもの、しいていえば、その規則の事例を提示し、行為と規則との一致を確認する「指示者」(indicator)である。いいかえるなら、この指示者は、何らかの協同作業の全体と子どもとのコーディネーターである。

なるほど、たしかに有能な教師は、規則の概念的な表現をわかりやすく説明することもできる。「できる教師」といわれる人は、難しい言葉をつかわずに平易な言葉で物事を説明していく。しかし、その場合でも、ヴィトゲンシュタインが論じているように、相手がその概念的な表現を言語ゲームの規則として理解していなければ、その表現を理解することはできない(Wittgenstein 1969b=1975: I.§26; 1968=1976: I.§76, §152)。つまり、ものごとを概念的・分析的に説明する教授者よりもさきに、ものごとを具体的・遂行的に示す指示者——ものごとを教えようとせず体現している人、指し示す人——が必要である。

ヴィトゲンシュタイン的な理解概念にもとづく学びは、従来の教育方法学でいわれる「教授学習過程」を前提にした学習の概念と根本的に異なっている。「教授学習過程」における学習は、共有された言語ゲームを前提とする情報伝達過程である。教師の心的な世界が情報源であり、その心的な内容が記号に変換され、それが生徒の心的な世界に伝達され、そこで解読され元どおり復元されるという過程である。情報の送り手と受け手とに共通する規則、両者にとっての情報の同一性は、旧来の学習概念の大前提である。

これにたいして、ヴィトゲンシュタイン的な理解は、なによりもまず自己生成的である。それが、概念的に教授されて始まるものではなく、言語ゲーム、生活の形式になじむことによって生じることだからである。このような理解概念は、近年注目されている認知的徒弟制論（状況認知論）のそれに近しい。そこでも言葉の学習は、その言葉が使用されている言語活動全体に参入することと同値だからである。考えてみれば、乳幼児は誰にも教わらずに学習を始めるわけだから、教授しなければ学習しないという考え方の普遍的な適用は、まちがった考え方である。すくなくとも、理解としての学びは全体論的に自己生成する出来事であり、そうした理解にささえられてはじめて、概念の教授が可能になると考えるべきである。

4 学びのコミュニケーション

ルーマンのコミュニケーション概念

一般的なコミュニケーションは、一定の言語ゲームにすでに参入している者同士の交流であるが、言語ゲームに参入するときのコミュニケーションは、一般的なコミュニケーションではない。教育的コミュニケーションは、この二つの側面をともに備えている。すなわち、教育的コミュニケーションは、すでに共有されている言語ゲームの規則にもとづきながら、一方(指示者)がすでに参入している言語ゲームにまだ参入していない他方(学習者)が参入するさいに交わされるコミュニケーションである。端的にいえば、「教育的コミュニケーションは、知っている者と知らない者との間に成立するコミュニケーションである」(Bourdieu=Passeron=de Saint Martin 1965=1999: 15)。

ところで、ルーマンが教育的コミュニケーションについて論じてきたことは、教育におけるテクノロジーの欠如という問題である。つまり、教育における因果連関——教育的な働きかけによって何がどうなるか——は予測不可能であるから、教育は操作不可能である、という主張である(Luhmann=Schorr 1988; 山名淳 1994)。しかし、ここでとりあげたいことは、それとは違って、ルーマンが社会的コミュニケーションと不可分であると論じている社会化論である。すなわち、社会的コミュニケーションが自己反省をつうじた自己社会化を可能にするという、ルーマンの主張である(Luhmann 1987; 1984=1993: 382ff)。

ともあれまず、木に竹を接ぐことがないように、ヴィトゲンシュタインの理論とルーマンのそれとの大まかな同質性を確認しよう。ずいぶんまえに橋爪大三郎が、初期のルーマンとヴィトゲンシュタインとの違いを指摘しているが(橋爪大三郎 1985)、二人の理論には、共通するところも少なくない。たとえば、ヴィトゲンシュタインのいう「理解」は、ルーマンのいう「観察」にあたるし、ヴィトゲンシュタインのいう「言語ゲーム」は、ルーマンのいう「コミュニケーション・システム」にあたる。そして、ヴィトゲンシュタインの「言語ゲームの規則」は、ルーマンの「意味世界」(Semantik)にあたる。

ルーマンにとっての観察は、ある心的システムがあるものをある意味世界の区別(コード)によって位置づけることであり、その心的システムは、その区別によってその区別を観察することはできない（Luhmann 1990: 68-121）。したがって、ルーマンにおいても、ヴィトゲンシュタインと同じように、観察は言説的な現象であり、*行為者が自分の従っている言語ゲームの規則の正当性を知らずにただそれに従っているように、観察者（心的システム）は自分が従っている意味世界の区別の正当性を知らずにただただそれに従っている。ルーマンは次のように述べている。観察は、「それ［対象］に対する特別な注意が要請されることなく、なんらかの社会的な文脈における社会的な生活をとおして獲得される」（Luhmann 1984: 280=1993: 325）。

＊　ルーマンが援用するマトゥラーナ＝バレーラも「学習」にかんして同じような考え方をとっている（Maturana=Varela 1987=1987:110-120）。

ルーマンのコミュニケーション概念は、かなり風変わりである。それは、いわゆる伝達的なコミュニケーションのように、発信者・メッセージ・受信者という三項から構成されるものではない。ルーマンのいうコミュニケーションは、メッセージを送ることでも、受けることでもない。ルーマンのいうコミュニケーションは、一定の環境にたいして心的システムが情報を選択し、発話行為を選択し、理解を選択するという三層の選択過程である。すなわち、ルーマンのいうコミュニケーションは、一方と他方との情報のやりとりではなく、それぞれの心的システムがそれぞれの環境（他の心的システム）から受けた刺激をもとにそれぞれに複数の情報から一つの情報を選択し、複数の発話行為から一つの発話行為を選択し、さらに複数の理解から一つの理解を選択することである。

こうしたルーマンのコミュニケーション概念にもとづいていえば、たとえば、いわゆる「メタメッセージ」は、字義どおりの意味の情報とその意味に反する態度との差異によって生じるものである。たとえばまた、「以心伝心」のような神秘的ともいえるコミュニケーションの成立は、一方の情報・発話行為・理解の選択が他方の情報・発話行為・理解の選択と同調的であるということである(Luhmann 1990: 24)。ヴィトゲンシュタインは、このようなコミュニケーション論を具体的に展開していないが、先にみたように、ヴィトゲンシュタインが理解を自律的であると特徴づけていることを考えるなら、その理解概念はルーマンのコミュニケーション論と整合的であるといえるだろう。

他者参照による自己反照

ルーマンが、そのコミュニケーション論においてヴィトゲンシュタインを超えていくところは、彼が意味世界のコード(言語ゲームの規則)を疑う契機を観察の観察(理解の理解)にみいだし、この観察の観察の契機を社会的コミュニケーションに見いだすところである。私たちは、それぞれの従っているコードにもとづいて観察をするけれども、それは「独善」、つまり自家撞着しか生みださない。この自家撞着から逃れるために、私たちは何を主題にしているのか、それをどのように観察しているのかを観察するが、この観察の観察(「第二次観察」)はけっして語りえない他者——ルーマンの言葉でいうなら「けっしてコミュニケートできない自分の環境」——を観察することによって可能になる(Luhmann 1990: 116)。

ようするに、私はXと考えるけれども、彼(女)ならどう考えるだろうかと——けっして確信できないままに——考えることによって、私は、私のXという考えを相対化していくのである。そうすることは、Xにかわり、新しいYという考え方を生みだすきっかけになるだろう。他者を思うことで自己言及することは、つまるところ、他者参照のみが自分を豊かにし、自己反照(独善、自家撞着への批判)を可能にする、ということである。*

＊ ちなみに、私は、ルーマンのように「コミュニケーションは自己言及的(self-reference)である」というべきではないと思う。先行するコミュニケーションは、それに後続するコミュニケーションと厳密ないみで同一ではないからである。「コミュニケーション」という名称の一致(唯名論的な一致)以外に一致しないものを同じものつまり「自己」と見なすことはできない。

何とありきたりなことをいうのか、といわれるかもしれない。しかし、ここでいう他者はいわゆる「他者」ではない。それは、けっして語りえない他者であり、デリダが「すべての他者はまったくの他者である」(Tout autre est tout autre)というときの「まったくの他者」である(Derrida 1992, 1994)。いわゆる「他者」は、私の視界に現象する他者像であり、そのいみで私(の視界内形象)である。そのような「他者」はほんとうの他者ではない。

私の視界の外部にこそ、真の他者つまり「まったくの他者」がいる(はずである)。視界を共有しない相手、つまり言語ゲームの規則を共有していると確信できない相手は、まったくの他者であり、それ以外のところに存在するようにみえる他者は、フィクションとしての他者である。したがって、ろくでもない男に騙された女が、「彼の本心が見抜けなかった」と反省をいくら繰りかえし

Figure 1

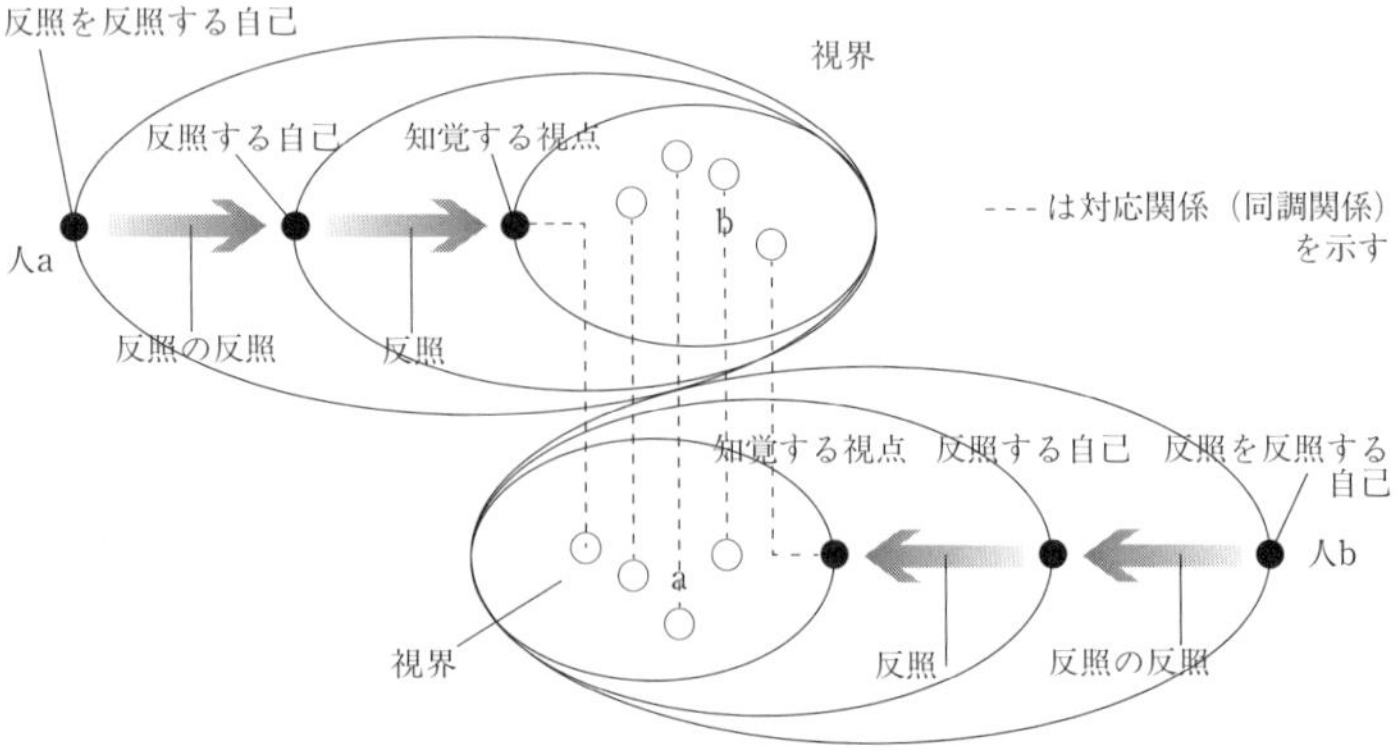

＊　大まかにいえば、言語ゲームの規則（意味世界）は、この図において楕円として示されている視界の形状に相当する。a、b二人の間で、それらが近似的であればあるほど問題となっている対象の位置も近似し、aとbとのコミュニケーションが円滑になっていく。これまで、点線の対応関係（同調関係）を可能にしてきたものは、共同体的な慣習・暴力・権力である。

ても、彼の本心をとらえることはできない（Figure 1参照）。というよりも、彼の本心がとらえられないからこそ、自己反照は繰りかえされる。他者は、つかまえようとするとどこまでも逃げていく逃げ水のような存在であるにもかかわらず、人は、その逃げ水のような他者を参照するからこそ、たえず自己を反省するのである。

他者を他者像と見なすか、まったくの他者と考えるかによって、コミュニケーションの質は大きく変わってくる。他者をまったくの他者と考えるとき、よほどの事情がないかぎり、コミュニケーションは活性化していく。先の他者参照による自己反照が参加者によって交互に行われるからである。すなわち、一方のAが他方のBを参照しながら自己反照し、他方のBが一方のAを参照しながら自己反照することで、一方の他者参照による自己反照が他方の他者参照による自己反照を誘発するからである。

これは、ルーマンが「構造的カップリング」と呼ぶ状態である(Luhmann 1984=1993: 353ff)。より精確にいえば、ルーマンが依拠するマトゥラーナ＝バレーラが「構造的カップリング」という言葉にこめた「人間的な状態」(humanness)である。「毎日の生活において、私たちの傍らに他の人びとを受け入れること、これこそ、社会という現象の生物学的な基礎である。愛がなければ、つまり他者が私たちの傍らで暮らすことを私たちが受け入れるのでなければ、社会的プロセスは存在せず、したがって〈人間的な状態〉も存在しない」(Maturana=Varela 1987=1987: 174-178, 178 訳文を変更した)。

しかし、気分・悪意・人柄などの心理的な状態や、地位・階級・立場などの社会的な状態が、こうした交互的な自己反照を阻害することもある。つまり、他者を他者像と見なすことで、実質的に他者を拒絶する場合もある。そうなっても、まだコミュニケーションは可能であるが、その場合のコミュニケーションは、コミュニケーションの無力さをふれまわり、ついには直接的な暴力を誘発するコミュニケーションだろう。交互の自己反照の契機が失われ、発話が折伏《しゃくぶく》のモノローグ、レトリカルな甘言と化すからである。

教育的コミュニケーションの本態

こうしてみると、従来型の教育的関係の特徴は、非コミュニケーション的な意味世界のコード

（非言語ゲーム論的な言語の規則）をあらわしている。つまり、旧来の教育的関係は、自己生成する理解にもとづく教育の特徴ではなく、共有された言語ゲームの規則を前提とする情報伝達行為としての教育の特徴である。したがってそれは、交互的な自己反照を核とした社会的コミュニケーションではない。

自己生成する理解の概念にそくして考えるなら、これから何かを理解しようとする者は、それを指示しようとする者にとってはまったくの他者である。このまったくの他者としての学習者と指示者とは、根源的に非対称的関係にある。一方がいいたいことを他方が理解する保障はどこにもないからである。にもかかわらず、指示者は、理解をうながそうと子どもたちに話しかける。それは多くの場合、モノローグかもしれない。つまり「子ども理解」という不可能を不可能と知らないでやっていることかもしれない。ともかく、彼（女）らの発話は、それがどれほど入念に準備されていても、うまくいくかどうかわからないといういみで、つねに賭けであらざるをえない。

ようするに、教育的コミュニケーションは、教師と子どもの相互の予期の予期によって錯綜し、教育テクノロジーを不可能にしているだけではない。たしかに、勘ぐりあいの状態が生まれることも考えるなら、子どもをうまく操作することのできる教育テクノロジーは、幻想である（Luhmann=Schorr 1988: 118ff）。しかし、これにくわえて、教育的コミュニケーションは、教師と子どものそれぞれの意味世界のコード（言語ゲームの規則）の共約不可能性によって、ためらいのなかの決断であらざるをえないのである。

子どもを他者と見なさないとき

このような困難な情況を回避しようとして、子どもを他者ではなく操作可能な対象と見なした瞬間、さらなる困難が教師をおそう。というのも、個々の子どもを「児童」「生徒」と意味づけた瞬間に、コミュニケーションが折伏と反発の応酬、恣意と恣意の応酬となるからである。原理上、そのようなコミュニケーションは、早晩崩壊する運命にある。このコミュニケーションが破綻なく継続されているとすれば、それはこのコミュニケーションが社会的な生贄を創出し、矛盾のすべてを彼(女)に帰着させているからである。

相手を他者と見なさないことから生まれる苛立ち、いいたいことが伝わらないという苛立ち、権力関係があっていいたいことがいえないという苛立ちは、特定の突出した人物・反抗的な人物に向けられ、彼(女)を罵倒したり責任をすべて押しつけることで発散される。彼(女)がこうした罵倒を拒否し、いわれなき責任を拒絶するなら、彼(女)は徹底的に排除されるだろうし、彼(女)がこうした罵倒を甘受し、いわれなき責任を引き受けるなら、彼(女)は神聖な生贄としてその場に許容されながら実質的に排除されるだろう。どちらにしても、旧来の教育的関係が生みだす苛立ちはどうしようもない生贄の暴力を生んでしまうのである。

他者を看過することは、また、コミュニケーションの中断を生みだし、それがまた別の暴力を生みだしていくこともあるだろう。それは、たとえば、「なぜ私のいうことがわからないのか」という熱血教師の怒声を生みだし、その苛立ちが体罰という暴力を誘発していくこともあるだろう。また、それは、たとえば「こんなことを君なんかにいっても無駄ですね」というスノッブな教師のあきらめ・あざけりに満ちた無視を生みだし、その無視という態度がいじめという暴力を誘発していくこともあるだろう。

こうした無視、体罰、いじめという暴力を喚起するものは、教師の裏切られた、思いどおりにならないという苛立ちであり、こうした苛立ちは、教師がコミュニケーションが中断される原因を最良のメッセージを受けとりそこねた子どもに帰着させたからこそ、生みだされる。すなわち、教師が子どもを他者ではなく、概念の教授＝伝達という操作が可能である同じ子どもと見なしたからこそ、生みだされるのである。

そして、無視であれ、体罰であれ、いじめであれ、いったん始まった暴力が持続していくことにも、他者の認否がかかわっている。暴力が持続する理由は、暴力を行使する者が自分と同じ人間を物象化し操作する快感に酔うからである。つまり、暴力をふるう者が、全能者の快感を味わうからである。むろん、人間は全能者などにはなれない。しかし、思いやることのできる「同じ人間」をわざと思いやらないときに、つまりできることをわざとしないときに、人間はサディズムにおちいり、擬似的な全能感を味わうことができる。加虐の快楽はここに生まれる。つまり、暴力を行使しつづける人にとっては、他者は操作不可能な他者ではなく、操作可能な同じ人間である。

教員免許をもっていても権威はない

学習者と指示者との根源的な非対称的な関係は、現象レベルにおける彼(女)らの非対称的な関係を構成するとはかぎらない。常識的に考えるなら、指示者は学習者が理解しようとする言語ゲームを熟知しているから、学習者に優越するようにみえる。つまり、問題の解法を一方は知っていて他方は知らないわけだから、そこにあきらかな上下関係が生じるようにみえる。しかし、本当のところは、そうではない。指示者が尊敬・信頼に値する指示者であるという認識は、学習者がその人の指示を「正しい」「必要である」と理解したあとに生じるものだからである（もうすこし詳しい説明は第1章を参照）。

にもかかわらず、近代社会においては、一般に教師は子どもよりも優れている、と見なされてきた。その理由は、どこにあったのだろうか。それは、「教師は子どもよりも優れている」ということを規則とする言語ゲームが、近代社会で営まれてきたことにあるだろう。つまり「先生は偉い人」という社会的な通念を人びとが生きてきたことに。

「先生は偉い人」という社会的な通念は、学校の正当性と教師の無謬性(ブルデュー)が前提にされていなければ生じない。学校・教師を自由に選んだり取りかえたりできるなら、そして学校・教師が可謬的であると考えられているなら、「先生は偉い人」という社会的な通念は成り立たない。つまり、生徒と先生とのあいだに根源的な非対称的な関係があるだけでは、先生は生徒にたいして優越することができない。むろん、周辺情報によって、学習者が「この人はいいことをうまく教えてくれるかもしれない」と予期することもあるだろう。しかしそれは、ほんのつかの間、指示者の優越性を生みだすだけであり、その予期が手ひどく覆されようものなら、学習者のあいだに侮蔑が広まっていく。

このように述べてくると、学校教育批判が増大するなかでは、教師の権威は子どもの恣意に迎合することでしか確保できないということか、といわれるかもしれない。そうではない。子どもの恣意は子ども自身の創りだした恣意ではなく、何らかのイデオロギーが創りだした欲望であることを思いおこすなら、その構成された欲望を対象化したり、場合によっては掘りくずことによってこそ、教師の権威は確保されていくはずである。それは教師が正しいからではなく、教師が自分にも子どもにも自己反照・他者参照を喚起するからである。

とりわけ、援助交際、少年犯罪、環境汚染など、誰一人として傍観者の立場をとることが許されない社会問題をめぐって現代社会を批判的に分析し、あらたに生きられる物語を黙示すること、そこに教師の存在意義があるはずである。このような教師論は、アメリカにおいて「批判的教育学」をかかげるジルーやマクラーレンの主張していること、すなわち、子どもの抱いている自己イメージを批判的に対象化することによって社会批判を実践していく「変革的知識人」としての教師になろう、という議論につうじる(Giroux 1992; Giroux=McLaren 1994; 上地完治 1997: 56)。批判的教育学の主張には、子どもの操作可能性を信じているという問題があるが、それを脇におくなら、その主張は大きな可能性を秘めている。

5　社会的コミュニケーション

ようするに、ヴィトゲンシュタインが提示した自己生成する理解という概念にもとづいて学習の概念を再構築するなら、教育的関係の中心となるものは、交互的な自己反照を生成する双方向のコミュニケーションであるといえるだろう。そうして生まれる新しい教育的コミュニケーションはしかし、とりたてて新しいコミュニケーションではなく、かつて日常生活のなかにしばしば見いだされた、真に親しい者同士の社会的コミュニケーションである。

しかし、そのありふれていたはずの社会的コミュニケーションこそ、現代のように、たえず機能的分化がすすみ、普遍的な価値が存立困難である社会において、教育的関係を成り立たせるために必要なコミュニケーション形態なのである。これまでの考察から得られるいくつかの含意を確認することで、その論拠を示しておこう。

第一に、昨今の子どもの生活現実から、私たちが「日常的」と考えてきた社会的コミュニケーションが希薄になっている、と考えられるからである。なるほど、ルーマンは、社会が機能的に分化すればするほど、社会化ではなく教育が必要になってくる、と論じている(Luhmann 1987: 178)。しかし、現代日本の子どもは、総じて対面的なコミュニケーションが苦手である。すぐにコミュニケーションを切断できる情報テクノロジー(いわゆるIT)の普及は、この傾向と表裏一体であるといえるだろう。

また、「絆」という言葉が、犯罪心理学以外のところでは、あまり使われなくなったように、地域社会自体・家庭自体がかつての下町にあったような対面的なコミュニケーションを薄れさせ、儀礼的なコミュニケーションを蔓延させているようにみえる。こうした情況は、子どもから「居場所」を奪い、彼(女)らを孤立化させ、さらに被害妄想や暴力衝動を抑制する契機を失わせている。このように考えられるなら、かつての社会的コミュニケーションは、学校のなかで人工的にでも復元されるべきだろう。

第二に、市場化(グローバル化)に眼を奪われて、その背後で進行する機能的な分化の高進を見失うなら、価値観の分断化は深まるばかりだからである。先にふれたように、交互的な自己反照を核とした社会的コミュニケーションは、むろんさまざまな心理的・社会的な要因によって阻害されるが、そうした阻害要因の多くは、「合意はすでに存在する」という予断に派生すると考えられる。すなわち「所与の価値観の重要さをおまえは知らないだけだ」という思いが交互的な自己反照を生むコミュニケーションを否定している。唯一神・主権国家・ローカルな世間体が支配する社会ならいざしらず、たえず機能的に分化しコードが更新されつづける現代社会においては、合意はつねに更新され目指されるべきものであり、所与のものではないはずである。

むしろ、市場化（グローバル化）に反発し抗論すること自体が価値観の分断化を助長する結果となる。そうした反発・抗論は、けっして社会的な規模の合意にいたらないからである。問題は、市場化（グローバル化）の背後で進行している機能的分化のメタ効果、社会的コミュニケーションの衰退である。したがって、この機能的に分化しつづける現代社会を「生きる力」は、唯一神・主権国家・ローカルな世間体などに由来する所与の価値観を合意として受肉することではなく、つねに未知なる情況を生きるために社会的コミュニケーションを実践することである。

〈文献表〉

朝日新聞社会部 1999 『学級崩壊』朝日新聞社。
上地完治 1997 「ジルーの批判的教育学に関する一考察」『教育哲学研究』No.75: 47–59.
大森荘蔵 1989 「言語ゲームはゲームか」『理想』No.644: 22–25.
大森荘蔵 1992 『時間と自我』青土社
河上亮一 1999 『普通の子どもたちの崩壊』文藝春秋。
河上亮一 2001 『学校崩壊——現場からの報告』草思社。
佐々木賢 1999 「相互コミュニケーションを見直す」『フォーラム 教育と文化』No.16: 26–35.
諏訪哲二 1999 『学校はなぜ壊れたか』筑摩書房。
田中智志 1999a 『〈教育〉の解読』世織書房。
田中智志 1999b 「ポスト構造主義の教育分析」原聰介ほか編『近代教育思想を読みなおす』新曜社。
田中裕喜 1999 「コミュニケーションと超越論的他者」『教育哲学研究』No.80: 35–47.
橋爪大三郎 1985 『言語ゲームと社会理論』勁草書房。
丸山恭司 1992 「ウィトゲンシュタインの言語ゲーム論とその教育学的意義」『教育哲学研究』No.65: 41–54.

宮台真司　1994　『制服少女の選択』講談社。
山名淳　1994　「〈因果プラン〉論からみた教育目的の機能」『教育哲学研究』No.69: 44-26.
渡辺由利編　1986　『全盲達ちゃんと和光』星林社。

*

Bauman, Zygmunt　2000　*Liquid Modernity*. Cambridge: Polity Press.
Bernstein, Basil　1971　*Class, Codes, and Control, Vol. 1: Theoretical Studies towards a Sociology of Language*. London: Routledge and Keagan Paul. = 1981　萩原元昭編訳『言語社会化論』明治図書。
Bourdieu, Pierre, Jean-ClaudePasseron, et Monique de Saint Martin　1965　"Rapport pédagogique et communication," *Sociologie de l'éducation* Vol. 2 Paris: Mouton & Co. = 1999　安田尚訳『教師と学生のコミュニケーション』藤原書店。
Bourdieu, Pierre and Passeron, Jean-Claude　1970 *La Reproduction: Élements pour une theorie du système d'enseignement*. Paris: Editions de Minuit. = 1991 宮島喬訳『再生産――教育・社会・文化』藤原書店。
Bourdieu, Pierre　1980　*Le Sens Pratique*. Paris: Editions de Minuit. =　1988/1990　今村仁司・港道隆訳『実践感覚』1・2 みすず書房。
Derrida, Jacques　1992　*Donner la mort*. Paris: Éditions Galilée.
Derrida, Jacques　1994　*Force de loi: La* 〈*Fondement mystique de l'aautorite*〉. Paris: Éditions Galilée.
Dewey, John　1984　"The Souces of a Science of Education," *John Dewey: The Later Works*, 1925-1953. Cabondale: Southern Illinois University Press.
Gier, N. F.　1981　*Wittgenstein and Phenomenology*. Albany, NY: State University of New York Press.
Giroux,　Henry　1992　*Border Crossings*. New York: Routledge & Kegan Paul.

Giroux, Henry and McLaren, Peter 1994 *Between Borders: Pedagogy and the Politics of Cultural Studies*. New York: Routlege.

Kripke, Saul 1982 *Wittgenstein on Rules and Private Language: An Elementary Exposition*. Oxford: Basil Blackwell. = 1983 黒崎宏訳『ヴィトゲンシュタインのパラドクス』産業図書。

Luhmann, Niklas 1984 *Soziale Systeme*. 2 Aufl. Frankfurt am Main: Suhrkamp. = 1993 佐藤勉監訳『社会システム理論』恒星社厚生閣。

Luhmann, Niklas 1987 "Sozialisation und Erziehung," *Soziologische Aufklaerung* 4, Opladen: Westdeutscher, 173-91.

Luhmann, Niklas 1990 *Die Wissenschaft der Gesellschaft*. Frankfurt am Main: Suhrkamp.

Luhmann, Niklas und Schorr, Karl Eberhard 1988 *Reflexionsprobleme im Erziehungssystem*, 2 Aufl. Frankfurt am Main: Suhrkamp. = 近刊 田中智志監訳『教育システムの反省問題』世織書房。

Maturana, Humberto and Varela, Francisco 1987 *The Tree of Knowledge*. Boston: Shambhala. = 1987 管啓次郎訳『知恵の樹』朝日出版社。

Wittgenstein, Ludwig 1965 "Lecture on Ethics," *Philosophical Review*, 74. = 1976「倫理学講話」『ヴィトゲンシュタイン全集』5 大修館書店。

Wittgenstein, Ludwig 1968 *Philosophische Untershuchungen*. ed., Rush Rhees. Oxford: Basil Blackwell. = 1976「哲学探究」『ヴィトゲンシュタイン全集』8 大修館書店。

Wittgenstein, Ludwig 1969a *Über Gewißheit*. eds. G. E. M. Anscombe and G. H. von Wright. Oxford: Basil Blackwell. = 1975「確実性の問題」『ヴィトゲンシュタイン全集』9 大修館書店。

Wittgenstein, Ludwig 1969b *Philosophische Grammatik*. ed., Rush Rhees. Oxford: Basil Blackwell.= 1975/6「哲学的文法」『ヴィトゲンシュタイン全集』3、4 大修館書店。

Wittgenstein, Ludwig　1978　*Remarks on the Foundations of Mathmatics*. Oxford: Basil Blackwell.

第3章　教授のない教育
——むだはむだではない

Education Without Teaching: Redundancy Is Not Useless

abstract　現代日本においては、学校の権威が著しく浸食されている。そのため、教師は、教授行為を行うことが困難になっている。こうした情況は、しかし考え方を変えるだけで、教育の可能性にみちた状態に変えることができるかもしれない。たとえば、ルーマンの教育システム論を援用し、不確実なコミュニケーション情況を教育の可能性にみちた状態と見なす、という方法がある。ルーマンにそって考える場合、子どもを教育する主体は、教師ではなく教師と子どもとのコミュニケーションである。この方法は、コミュニケーション参加者に冗長性があるかぎり有益である。冗長性は、コミュニケーションの土台だからである。しかし、現代社会は、機能的分化の高進とともに、コミュニケーションの冗長性を喪いつつある。したがって、私たちに必要なものは、機能的分化の高進によって教育的権威が失われつつある学校に適合する新しい「授業」を提案することだけでない。コミュニケーションの冗長性を確保するための戦略を練ることも必要である。

1　教育実践を構想する

都市空間化する廊下

単位制の高校に行くと、奇妙な光景が見えてくる。それは、まるで、都市の雑踏を歩いているように、生徒たちが、ばらばらに教室から教室へと移動していく姿である。彼(女)らとすれちがう教師も、どこか通行人のような様子で、彼(女)らと視線を合わせているように見えない。都市空間化しつつある学校の廊下は、なかなか新鮮な光景である。

しかし、さすがに小学校に行くと、昔ながらの光景が見られる。子どもたちは——保育園・幼稚園でつちかったハビトゥスが機能しているのだろうか——「1年1組」といったクラスのなかで疑似共同体を構成し、いくらか仲間意識をもっているようである。教師も、廊下で子どもたちとすれちがうときに、一言二言、声をかけている。学校空間としての廊下がいまだに残っているのは、なかなか懐しい光景である。

しかし、その小学校も学年が進むにつれて、しだいに仲間意識を失っているように見える。先生の一言一言を文字どおりに受けとり、文字どおり実践しようとしていた健気な子どもたちは、しだいに自己決定するようになり、結果がすべてという態度を身につけるようになっていく。いいかえるなら、授業中であってもやりたいことをやり、教師に怒られても怖いとは思わなくなる。それは、頼もしくもあるが、やっかいなことでもある。

旧来の学校の規律化という営み——授業・行事において定型的な姿勢、集団的な行動、従順な態度をとらせること——をできるかぎり縮小すれば、子どもの自己決定性ないし自由奔走さは、なんとか調整することができる。そのように考えられて創られたのではないかもしれないが、結果として、単位制高校は、学校空間を都市空間に変えることによって、子どもの自己決定性・自由奔走さを調整している、といっていいだろう。

しかし、単位制の授業形態を、中学校、そして小学校に導入するわけにもいかないのだろう。「学級崩壊」が問題化して久しいが、何割かの小学校高学年の教室、そして中学校の教室は、あいかわらず、蜂の巣をつついたような状態である。

教授のない教育

現代日本のように学校の権威が保障されていない社会で、いかにして教師は、子どもたちを叱責したり指導したりできるだろうか。子どもたちに敬意を払われない教師は、どうすれば子どもたちを教育することができるだろうか。こうした問いは、無理難題にきこえるかもしれないが、この無理難題こそ、今、問われている教育課題である。

権威を失った教師が教育をするための一つの、しかしかなりラディカルな方法は、「教授」(action pédagogique 教育的働きかけ)をしないという方法である。「教授」は、定められた知識・技能を、相手の情況にかかわりなく、一方的に伝達し受容させる行為である。ブルデュー＝パスロンの手厳しい定義によれば、それは「文化的な恣意を押しつける象徴的暴力」である（Bourdieu=Passorn 1970=1991: 18）。暴力かどうかはともかく、教授という行為のあるところには、教授する者と教授される者とのあいだに、かならず上下関係が形成されてしまう。この教授という行為をやめてしまおう、という提案である。

教授のない教育というアイデアは、突拍子もない暴論にきこえるかもしれないが、ルーマンの自己塑成的（オートポイエーシス的）な教育理論をすこし読みかえるなら、このアイデアを理路整然と展開することができる。ルーマンにとって、子どもを教育する主体は、教師ではなく教師と子どものコミュニケーションだからである。彼は、いわば、子どもをとりまいている情況全体が子どもを成長させる、と考えているのである。このルーマンの教育理論にしたがえば、教師が「子どもを思いどおりにできない」と悩むことは、とんでもない勘違い（子どもの操作可能性）にもとづく悩みであり、悩むだけ無駄な悩みである。

しかし、この、教授のない教育というアイデアには大きな問題がある。それは、コミュニケーション参加者に冗長性がなければ、そのコミュニケーションはたちまち破綻してしまう、ということである。冗長性は、社会的コミュニケーションの土台だからである。しかも、現代社会は、機能的分化の高進とともに、コミュニケーションの冗長性を喪いつつある。したがって、私たちに必要なものは、機能的分化の高進によって教育的権威が失われる学校に適合する「授業」を提案することだけでないだろう。

2 コミュニケーションという教育主体

ポストモダン状態

教育を再構築しようとする人にとって、新しい教育実践のモデルを提示するためにまず必要なことは、現代日本社会が「ポストモダン状態」（ハイパーモダン状態）を呈している事実を確認することである。それは、現存する秩序がつねに混沌に開かれている状態、すなわち、次に何がおこるのか精確に予期できないという状態であり、すべての出来事は別の出来事でありうるという状態である。それは、価値観が多様化し、教育的な権威が自明性として成立しないという現実、すなわち「学級崩壊」という現象に端的に示されている。

現代の学校のポストモダン状態は、いいかえるなら、絶対的な権威の喪失によって「二重の偶有性」(double contingency)を特徴とするコミュニケーションが一般化している状態である。すでにゴッフマンが有名なスティグマ論のなかで論じているように(Goffman 1963=1970)、明白な上下関係を欠いたコミュニケーションにおいては、自分は他者の出方をうかがい、他者は自分の出方をうかがうという状態が生まれる。すなわち、自分も他者も「相手の出方を考慮しなければならないこと」を考慮しなければならない、という状態が生まれる。「二重の偶有性」とは、このような相互に牽制しあう状態であり、自分にとって相手がどう出るかわからないという偶有性と、相手にとって自分がどう出るかわからないという偶有性とが、ワンセットになっている状態である。

一般に、相互に牽制しあう状態は、円滑なコミュニケーションをさまたげる。したがって、この相互に牽制しあう状態を解消することが、コミュニケーションを続けていくために、まず必要である。ルーマンの場合、この相互に牽制しあう状態を解消するものは、「相手はきっとこう考えて、こういうだろう」という予期、ようするに、何らかのきっかけ・思いこみにもとづいて、じっさいにどちらかが発話することである。この予期にもとづく偶有的な行為、その行為につづく相手の偶有的な行為、そうした偶有的な行為の連鎖が、コミュニケーションというシステムを創りだしていく契機である（Luhmann 1984=1993: 180）。

具体的な教育の場面においては、このような予期にもとづく不確実なコミュニケーションがごくふつうに営まれている。教師は、どんなに「児童理解」「生徒理解」にいそしんでも、子どもを完全に理解することができない。そのため、教師は、たぶん子どもはこう反応するだろうという予期にもとづいて、とりあえずコミュニケーションを開始し、多くの場合、予期に反する子どもの反応にあわててしまったり、おちこんでしまったりするのである。

タクト

教師は、このような日常的な不確実性を軽減する術をもたないのだろうか。何もないというわけではない。ルーマンによれば、それは「タクト」である。ルーマンにとって、「タクト(Takt)に満ちたコミュニケーション」は「因果と自由とのパラドクス」——すなわち、こうすればこうなるという教師の予期と、それから自由であり自己言及的である子どもの行為との背反関係——に折り合いをつける「教育学的技法」である。このタクトによって、教師の日常的な不確実性は軽減されていく(Luhmann 1996)。

「臨機応変な対応」、「熟練のわざ」、「情況依存的な知」、「暗黙知」など、タクトを説明する言葉はさまざまあるが、なかなかわかりにくい。おそらく「タクト」といわれるものは、「ドライヴィングのセンス」というときの「センス」と一緒で、メタレベルにおいてのみ言語化可能なものなのだろう。すなわち、タクトは、なんらかの偶有的な判断・行動がうまくいったあとで、成功の原因(たとえば、「教師の指導力」)として創作・発見されるものであり、タクトそのものを固定的な実体としてとらえることはできない。

いささかなりとも具体的にイメージするとすれば、タクトは、それなりの経験をつんだ医師が患者を触診しながら、頭のなかで膨大なカルテを高速度でめくりながら、もっとも近接する症例を見いだすことである。類似した事例が一定量蓄積されると、ささいな徴が、全体を暗示するようになる。素人にはただの曇りにしか見えないレントゲン写真の影が、経験をつんだ医師にはリンパ腫に見えるようになる。同じように、それなりの経験をつんだ教師もまた、ほとんど無意識のうちに膨大な対処法のカードを高速度でめくりながら、ぴったりした「言葉かけ」を見いだしている。彼

（女）らは、子どもの目線・表情の変化というささいな徴から、その子どもの陥っている情況という全体を想起している。

このように考えるなら、タクトはなんら神秘的な能力ではなく、たえず膨大なデータベースを駆使して未知の情況を蓋然化する営みである。タクトを身につけるうえで必要なことは、したがって膨大なままのデータを収集し整理し活用することである。書斎の整理術のようなデータの整理術がタクトを可能にする、といってもよいだろう。こういうふうに考えるなら、タクトは怠け者にはなかなか身に付かないハビトゥス、ということになるだろうか。

新しい教育的関係の可能性

ともあれ、議論を先にすすめよう。教師と子どもとのコミュニケーションがタクトを必要とするということは、教育の難しさだけを意味しているのだろうか。むしろ、それは、教育の可能性の豊かさを意味しているのではないだろうか。このように述べると、従来の教育学になじみ、教授学習過程、一斉教授法など、教育的権威を前提にした学校的制度を自明視してきた教育者はいったいどういうことなのか、と問いかえしたくなるだろう。

しかし、たとえば、ルーマンの理論を教育実践に応用しようとしている教育学者の木村浩則は、不確実性にみちた教師と子どものコミュニケーションに、新しい教育の始まりを予感している。木村は、「教師の行為は、不確実性を生みだすがゆえに、そこからより実りある教育的コミュニケーションを再生産していくことが可能になる」と主張している（木村浩則 1990: 8）。木村の主張は、ドイツの一部の教育学者――序論で述べた近代教育学批判者たち――の主張と似ているところがあるが、日本の多くの教育学者――ルーマンを無視したり杓子定規に受容しようとする人たち――の主張とは大きくかけ離れている。

木村によれば、従来の教育学の考え方、とりわけ〈主体／客体〉の二分法を前提にする近代的な「人間中心主義」（人間学的な前提）にとらわれているかぎり、教師は、タクトが必要になる不確実なコミュニケーション情況を教育の可能性にみちた状態と見なすことができない。教師が善意のもとに教育を意志し、子どもを操作しようとするかぎり、つまり教師が教え命じるから子どもが学び従うと考えているかぎり、彼(女)らは、不確実なコミュニケーションに教育の可能性があふれていることに気づかないからである。

授業＝コミュニケーション・システム

子どもを教育する主体は、どれほど教育熱心であっても、教師ではない――このように考える木村が前提にしていることは、「授業という相互行為システムが教育する」というルーマンの考え方である。すなわち、子どもの成長発達を可能にするものは教師の教育的な働きかけではなく、教師と子どもとのコミュニケーション・システムであるという考え方である。木村によれば、このように教育主体の概念を転回してはじめて、教師は、タクトが必要になる不確実な情況が、可能性にみちた情況であると理解することができるようになる。

なるほど、木村が論じているように、ルーマンにならって考えるなら、〈主体／客体〉の二分法にもとづく近代教育的な授業と、〈システム／環境〉という二分法にもとづくコミュニケーション・システムとしての授業とは、まったく異なっている。前者の授業は、粛々と進行するものであり、子どもを操作する教師、教師に従う子どもという上下関係に支えられているが、後者の授業は、協同することもあれば反目することもある営みであり、教師も子どももみんな相互に刺激しあい触発しあうという互恵関係そのものである。

ルーマンにしたがえば、近代教育的な授業の基本的な特徴は「介入」(interferenz)である。それは、ある個人が教育的な行為をつうじて別の個人の行為を規定することである。これにたいして、コミュニケーション・システムとしての授業の基本的な特徴は、「相互浸透」(interpenetration)である。それは、一定のコミュニケーション・システムを構成する複数の個人が相互に相手の「環境」(存立条件)の一部になり、相手の生成を可能にする「複雑性」(複数の選択肢)を提供しあうことである(Luhmann 1984=1993: 336ff)。

ラフな言い方をするなら、ルーマンのいう「相互浸透」は、コミュニケーション・システムを構成している人たちが相互に影響力を及ぼしあう状態に近いが、この影響力は、その発生源と見なされる個人によって操作可能である因果的なものではなく、どこまでも偶有的なものである。つまり、コミュニケーション・システムを完全に「操作する」(operieren)ものは、いっさい存在せず、コミユニケーション・システムは、先行するコミュニケーションを参照しながら自ら「作動する」(operieren) だけである。

ルーマンにとっては、コミュニケーションは、伝達モデル、すなわち①発信者、②メッセージ、③受信者という三項から成りたつものではない。ルーマンにとってのコミュニケーションは、①何かを情報と見なすという(自分の)選択、②発話(Mitteilung)するという(自分の)選択、③理解するという(相手の)選択という三項から成りたっている。* 自分と相手との意思疎通を保証し、合意をもたらす第三の審級は存在しない。

* 詳しくは、本書の第2章第4節、またルーマンの『社会システム理論』第4章(Luhmann 1984=1993: 214ff)を参照。なお、同書は Mitteilung を「伝達(行為)」と訳しているが、この訳語は、発信者・メッセージ・受信者という三項から成りたつ、コミュニケーションの「伝達」(Übertragung)モデルを思い出させて、まぎらわしい。よってここでは、Mitteilungを「発話」(告知)と訳す。ちなみに、英語圏においては Mitteilung は utterance (発話)と訳され、Übertrgung は transmission (伝達)と訳されている。これは、適切な訳語の選択だと思う。

形式的な秩序から動態的な秩序へ

ようするに、木村は、偶有的な自己変容を喚起する相互浸透に強い魅力を感じるとともに、そこに未来の教育の原点を見いだそうとしているのである。彼にとって重要なことは、「つねに更新されていく［個々の子どもの］パースペクティブの多様性である」。彼は、この個々の子どもの多様な視界（考え方）こそが、コミュニケーション・システムとしての授業を「教育的に意味あるもの」にするだろう、と述べている（木村浩則 1999: 9）。

なるほど、多様な視界（考え方）をもっている子どもがいたほうが、授業は活気にみちてくることもあるだろうし、子どももそれぞれさまざまに触発されて、独自の個性を育むきっかけにもなるだろう。そして、こうした活気にみちた相互触発的な状態を「教育的」と形容するなら、そして、そのあまりにも斬新すぎる「教育的」という言葉の使い方を受け入れるなら、なるほど「相互浸透」は「教育的」な契機である。

ようするに、木村も教育に秩序を求めているが、彼が求めている「教育的」な秩序は、旧来の教育的な秩序ではない。彼にとって教育の秩序は、子どもたちがだまって先生の言うことを聴いているような形式的な秩序ではなく、ある子どもの発話が別の子どもの自己変容をうながし、その自己変容がさらに別の子どもの自己変容をうながすといった多様な自己変容の展開、ひとことでいうなら、動態的な秩序なのである。

3　高進する機能的分化の問題

批判理論と実践理論

さて、木村のような教育実践指向の人にとって、ルーマンの諸概念は、モダニティとしての教育を分析するツールとしてのそれではなく、来るべき「ポストモダンの教育実践」を提示するツールである。一見すると、ルーマンを教育実践に援用しようとする人は、分析概念と規範概念とを混同しているように見えるかもしれない。あるいは、確信犯的にルーマンの相互浸透概念を分析概念から規範概念にずらしているように見えるかもしれない。

どちらにしても、ルーマンを教育実践に援用しようとする人びとは、ルーマンの教育システム理論を近代教育を分析する〈教育の批判理論〉と位置づけるか、ポストモダンの教育実践モデルを構想する〈教育の実践理論〉と位置づけるか、という学問的な問題を提起しているといえるだろう。ここで、フーコーの規律化論とルーマンの教育システム論とを対比するなら、この分析概念か規範概念か、つまり〈教育の批判理論〉か〈教育の実践理論〉か、という問題をよりわかりやすく表現することができるだろう。

フーコーが『監視と処罰』で展開した規律化論に代表されるような〈教育の批判理論〉は、そのままポストモダンの教育実践に転用できるような実践理論を含んでいない（Foucault 1975=1977）。なるほど、フーコーは「歴史的存在論」という非モダンな分析理論を前提にしながら、近代社会における言説と実践との史的関係論を展開している（田中智志 1999b）。しかし、フーコーの「歴史的存在論」は、社会的現実からいささか離れたメタレベルのエピステーメの分析理論であるために、近代教育にかかわるポストモダンの教育モデルを構築する直接的な素材になりにくい。

これにたいして、ルーマンの教育システム論は、〈教育の実践理論〉に転用できるような理論を含んでいるように見える。ルーマンは「自己塑成的システム理論」という非近代的な分析理論を前提にしつつ、近代社会における意味世界と社会構造との史的な関係を描こうとしている。しかし、その基礎である「自己塑成的システム理論」は、難解ながらも、社会現実に即した現象レベルの議論であるために、近代教育にかわるポストモダンの教育を語る実践理論の素材を提供しているように見えるのである。

端的にいえば、ルーマンの教育システム論は〈教育の批判理論〉か〈教育の実践理論〉かという問題は、ルーマンをどこまで精確に理解しているかという正誤問題として語られるべきではない。「ルーマン信者」から見れば、許せない主張に見えるだろうが、ルーマンの理論をいかなる教育のヴィジョンも提案しない分析理論と見なそうとも、それを来るべき教育のヴィジョンを語る実践理論と見なそうとも、それは語る人の自由である。語るべき問題は、その実践理論がどれくらいの有効性をもっているのか、である。

高進する機能的分化

ルーマンの教育システム論が〈教育の実践理論〉としてどのくらい役立つのかという問題を考えるために必要なことは、現代のポストモダン状態がどのように存立しているのかである。〈教育の実践理論〉の有効性を問うためには、伝統的な権威が喪われているという状態がどのような条件下で生じているのか、確認しなければならない。

さて、現代日本のポストモダン状態は、主権国家の権威、年長者の権威、親の権威、教師の権威に象徴されるような定住型共同体の権威がゆらぎ、喪われつつあることである。政治家が、「先生」ではなく「さん」づけで呼ばれるようになり、シルバーシートを勧められると怒りだす老人が現れ、校長の多くは、父兄からの苦情・要求の処理に忙殺されるようになった。

こうした現象に象徴される現代日本のポストモダン状態は、基本的に位階的分化にたいする機能的分化の優越という社会構造の変化のもっとも新しい状態である。ごく大まかにいえば、西欧社会において世界・社会を秩序づけるものは、一八世紀末期から一九世紀にかけて、位階的なものから機能的なものにシフトしはじめた。誤解があるかもしれないが、ルーマン自身は、機能システム（機能的コミュニケーション）という概念をあらゆる時点・あらゆる場所で適用できる普遍概念であるとは考えていない。ルーマンにとって、機能システムの広がりはあくまで近代社会に特徴的に見いだせる歴史的な事態である。

従来の社会的な権威をささえてきた国民国家、地域社会、父権家族、学校といった定住型共同体は、二〇世紀末期以降、いちじるしく浸食されている。その背景は、しかし資本主義やテレ・コミュニケーションの広がりであるというよりも、社会のあらゆる領域において高進しつづける機能的分化である。それは、義理と人情と貸借に彩られた人間関係が、経済、政治、教育、医療などの社会の諸領域からますます喪われていくことであり、かわりに損益と契約と自己決定にもとづく交換関係が支配的になっていくことである。

このように機能的分化が高進する社会のなかでは、新しいコミュニケーションの形態として、定住型共同体にふさわしい対面的コミュニケーションではなく、機能システムにふさわしい有用性中心のコミュニケーションが要求されていく。機能的コミュニケーションは親子関係、先輩後輩関係、教師生徒関係などにみられる非対称的な関係性を設定しない。もちろん、機能的コミュニケーションにおいても、上下関係は生みだされるけれども、どういうシステムに内属するかによって、人の位置は変わっていく。

つまり、機能的分化が高進しつづける社会においては、どこにいても偉い人はいなくなる。したがって、機能的コミュニケーションに参加する者はすべて、たえず自己反照とともに他者参照をおこなわざるをえないのである。

教育的権威が失墜するメカニズム

学校によってささえられてきた教師の教育的権威は、なぜ失墜したのだろうか。いますこし詳しくそのメカニズムを考えてみよう。

一九六〇年代以降、良質な学校は、「人間形成」「発達援助」をとなえる教育的ヒューマニズムにささえられながら、「ホームルーム」「班づくり」「クラブ活動」などをつうじて対面的な親密性にみちた定住型共同体をつくりだそうと試みてきた。

しかし、学校でつくられてきた対面的な親密性は、ほとんどの場合、存在の代替不可能性（かけがえのなさ）という感覚に裏打ちされていなかった。存在の代替不可能性は——心理学的な「自分らしさ」「アイデンティティ」とちがい——構成員を簡単にとり替えることができない集合において——たとえば「クラス替え」のできない家族において——濃密なコミュニケーションが蓄積されてはじめて生みだされるからである。

「みんなでみんなを高めあう学校」——教育的ヒューマニズムによって正当化されている、こうした共同体としての学校は、成績・学歴による選抜・選別のような、社会的な機能システムとしての学校の機能を——すくなくとも建前のうえでは——相対化しなければならなかった。また、利潤・便益にもとづく取引・生産のような、社会的な機能システムとしての企業の機能も——すくなくとも本音のところでは——相対化してきた。

教育的ヒューマニズムは、タイアックの言葉を借用していえば、どこか「人格の貴族」を気取るところがあった（Tyack＝Hansot 1982:4）。教育的ヒューマニズムは、ドイツから移入された人間学に裏打ちされていたからだろうか、教職倫理をたんなる職業倫理ではなく、けっして侵すことのできない普遍倫理として位置づけ、その正当性によって教職を聖職化し、教師を権威づけてきた。成績・学歴による選抜・選別、利潤・便益による取引・契約は、教育的ヒューマニズムのかかげる「人間の完成」「人格の完成」という理念にくらべるなら、卑俗なもの、すくなくとも一ランク低い行為である、と見なされてきた。

こうした共同体としての学校は、（市場ではなく）機能システムがグローバル化し、機能的分化が高進するとともに、つまり存在の物象化という効果を放置するとともに、自身を空洞化させていくだろう。いささか戯画的な表現になってしまうが、機能的分化が高進するなかで、子どもたちは、他者の個体性を了解する契機を失うとともに、選抜・選別しながら教育的ヒューマニズムをとく教師を「嘘つき」と見なし、軽視していくからである。教師は、子どもたちのこうした侮蔑のまなざしにたいして、自分の教育的ヒューマニズムにみちた善意・熱意をただ空まわりさせるほかなく、教育的権威の失墜を防ぐことができない。そこで権威をもちうるのは、教育的ヒューマニズムから無縁の教師、たとえば「GTO」くらいのものだろう。

学校のヒューマニズムと機能化との矛盾を、子どもも大人も許容できなくなったということは、重大な問題である。近頃の子どもは「ためがない」「心にゆとりがない」「あそびがない」といわれるが、大人もまた同じである。子どもも大人も、「正しい／間違い」「よい／悪い」といった単純な二値論ですべてを処理しようとしているように見える。正しくても悪いこと、間違っていてもよいこと、……など、人生はそんな単純なものではない、という了解をもたらす経験の厚みが、いよいよ喪われているように思われる。

機能的分化の高進が生みだす問題

「学級崩壊」に象徴される教育的権威の失墜が——自由保育、個性尊重といった要因とともに——以上のようなメカニズムで生じているとするなら、その修復は容易なことではない。むしろ、これまでの教育的権威に頼らない、新しい教育空間を構想したほうが得策だろう。木村の提起した相互浸透を特徴とするコミュニケーション・システムとしての「授業」は、この新しい教育空間を構成する要素の一つになりうるだろう。

しかし、教育的権威に頼らない教育空間を構想するために必要なことは、教育の主体を教師からコミュニケーション・システムに転回することだけではない。機能的分化の高進がどういう社会的な問題を生みだすのか、それを洞察することも必要である。おそらく、機能的分化の高進が生みだすもっとも重大な問題は、コミュニケーションの冗長性が、「役に立たない」「むだなもの」と見なされ、徹底的に排除されていくことではないだろうか。

教育の場面にそくしていえば、冗長性の排除は、社会全体の機能的分化の高進とともに、暴力を呼びさます。子ども一人ひとりの個性的視界が相互に触媒となって、子ども一人ひとりの自己変容を多様に伸張するかわりに、子ども一人ひとりの視界が社会諸システムの機能要件によってフォーマットされ、この機能要件によってフォーマットされた子どもの機能的欲望にみちた視界だけが他の子どもの機能的欲望にみちた視界を刺激していくからである。したがって、機能的分化の高進は、木村氏が埒外においている暴力、すなわちかつての定住型共同体が維持してきた冗長性を徹底的に衰退させ、他者・自分への暴力をたぎらせてしまうのである。

そして、この冗長性の衰退という社会化領域の現実を考えながら新しい教育空間を構想しなければ、木村の考える「授業」は、彼の意に反して、おそらく子どもたちの多様で思いこみのはげしい暴力で充満してしまうだろう。

4　冗長性のコミュニケーション

冗長性とは何か

世界の機能システム化、機能的分化の高進のなかで喪われていく冗長性とは何か。冗長性(redundancy)にかんする議論は、ドゥルーズのものの他にいくつかあるが、* さしあたりここでは、それをメタレベルのコミュニケーションにおける意味同調である、と定義したい。すなわち、「ボケと突っ込み」のように、自分と他者とのあいだでこのくらいの本音(つまりメタレベルのメッセージ)をぶつけても、相手が嬉々として応答してくれるはずだという、予期が相互に一致することである。こうした予期の一致によって、あふれる(redundant)情報のなかで、どうでもいい(redundant)話で盛りあがること、すなわち、メッセージではなく、コミュニケーションそのものに夢中になるという状態が生みだされていく。

＊ ドゥルーズのいう冗長性については、ドゥルーズ=ガタリの『千のプラトー』の第5章(Deleuze = Guattari 1980=1994: 133ff)を参照。ドゥルーズの場合、それは、反復不可能である独自性であるにもかかわらず、わかりやすくするために、反復可能化され、陳腐化されたものである。なお、冗長性 redundancy は「あふれる」を意味するラテン語 redundare に由来する言葉であるが、近年は「誤り

を埋め合わせる機能」を意味するコンピュータ用語としてよく用いられる。私自身は、この機能を「ハンドルのあそび」にひとしい緩衝機能と理解している。

たとえば、腐れ縁の友人と話しているとき、私たちは、いちいち言葉使いにこまかく気を遣わない。一定の範囲なら、からかっても、まちがっても、相手がそれを愉しみつつ・いがみ合いながら、許容してくれるからである。こうした一定の許容性(冗長性)は、相手と自分とが同じ共同体に暮らしている場合にも生じるが、「腐れ縁」のように、他者参照と自己反照をともなうコミュニケーションの反復によって相手と自分とのコミュニケーションがメタレベルにおいて同調していく場合にも、また、お互いのハビトゥスが偶然一致する場合にも、生じる。

冗長性の貧困化が生みだす問題

このように述べると、「なんだ、冗長性なんてそんなものか」という人もいるにちがいない。しかし、この陳腐な冗長性が、今、求められている。現代社会に生きている人は、カウンセリングやセラピーに縁のない、冗長性にみちた人ばかりではない。めったに冗長性を構成するコミュニケーションをしたことがなく、カウンセリングやセラピーが欠かせない人もいる。一九九〇年以降、彼(女)らをひきつける「トランスパーソナル心理学」「エンカウンター・グループ」が注目されているという現実を考えるなら、冗長性を構成するコミュニケーションは、近年とみに減っているといっていいと思う。

これまで冗長性をささえてきた定住型共同体が失われつつある現代社会においては、まず一つに、冗長性の貧困化をめぐって、ある種の空まわりが生じている。すなわち、冗長性の意味同調(という心地よさ)を渇望するあまり、他者の他者性を承認しないまま、すべての他者の言動に意味同調を要求し、その欠落に恐怖することである。この冗長性をめぐる空まわりをよく表している現象こそ、学校での「いじめ」である。いじめは、他人とちがうことをひどく恐れ、自分たちとちがう者を拒否する「過剰同調」である。唯一神のまえに一人屹立する個人というプロテスタント的な生活信条を欠く日本社会の場合、この過剰同調はなかなか抑止されない。

冗長性の貧困化が生みだすもっと重大な問題は、青木信人(2000)や春日武彦(2000)が暗示しているように、カウンセリングやセラピーをうけても、「生きているという実感がわいてこない」子どもたちが増大することである。深い無気力に苛まれている彼(女)らが行きつくところは、何らかのカルト教団への入信、すなわち疑似共同体に埋没することによって生きる意味を獲得すること、また、殺人のための殺人(「動機なき殺人」)、すなわち生きているという実感を暴力的に獲得することかもしれない。

オウム真理教のようなカルト教団にすがるのは、人生の意味と社会の機能との背反関係に耐えられなくなった人ではないだろうか。カルト教団が、この現代社会をこえる超越的な世界形象をつうじて、彼(女)らにとりついている幻滅をありもしない希望に変えていくからである。カルト教団の信者は、この現代社会に自分が根ざすために不可欠なコミュニケーションの形態を欠いているからこそ、教団のとく超越的な世界形象に埋没していくことができるのだろう。カルト教団信者の抱いている被害妄想が示しているように、彼(女)らの日常は、冗長性を生みだすコミュニケーションを大きく欠いた状態だったと考えられる。

一九九〇年代以降、少年犯罪が「凶悪化・低年齢化している」といわれているが、そのもっとも重要な背景をなしているものは、人間関係の冗長性を保証してきた定住型共同体(の互恵的で対面的なコミュニケーション)の貧困化であり、幼いころの親密で対面的な関係の経験である。* 事実、凶悪な犯罪をおかす少年の生育史をみると、冗長性を生みだす互恵的で親密な関係が大きく欠落していることがわかる(cf. 田中智志 2000)。

＊　社会学的な洞察にとんだ、現代の少年犯罪論である間庭充幸(1996, 1997)を参照されたい。ただし念のためにいうなら、そこで、私が用いるような意味の、つまり緊張感が感じられないような冗長性の概念が使われているわけではない。

適応と批判

したがって、私たちに必要なものは、機能的分化の高進によって教育的権威が失われる学校に適合する新しい「授業」だけでない。機能的分化の高進によって冗長性が喪われる社会には、凶悪な暴力が生まれることを語ることでもある。いいかえるなら、私たちに必要なものは、学校内部の問題だけに対処しようとする教職的なスタンスではなく、社会構造の変容に由来する凶悪な暴力に対処しようとする政治的なスタンスである。

たしかに、タクトのような、コミュニケーションの拒否を受容に変えていく教授的な技法も重要であるが、それ以上に重要なものは、冗長性を生みだすコミュニケーションの貧困を充満に変えていく政治的な戦略である。それは、互恵的で対面的なコミュニケーションを幼いころから確保することであり、他者同士が共生するために欠かせない自己反照・他者参照のハビトゥスを形成することである。ようするに、教育の前提条件である社会化の破綻を洞察すること、そしてその破綻に具体的に対処することが必要である。

子育ての私事化、すなわち教師をふくめて他人に自分の子どもの養育に口を出させないという風潮は、近年、とみに強まっている。こうした風潮のなかで、昔のように、他人が自分の子どもを叱ろうものなら、その人は「人権侵害」と告発されかねない。いまさら、「他人の子どもを叱ろう！」という運動を始めても、どうしようもなく遅い。このような社会情況は、現代の日本社会が旧来の定住型共同体を喪いつつあること、そしてそれが意味するところをまったく捉えそこねたまま、私たちが生きていることを暗示している。

相互浸透を特徴とする「授業」も、おそらく冗長性の貧困を充満に変えていく政治的な戦略の一環となるだろう。ただしそれは、その「授業」が、機能的な情報の伝達・理解に限定されない教育空間に位置している場合の話である。むしろ、相互浸透を特徴とする「授業」が可能になるためには、その「授業」に先行するかたちで、互恵的で対面的なコミュニケーションのなかで自己反照・

他者参照にみちた子どもの自己社会化が保証されていなければならない。子どもの自己社会化が保証されていないところで、相互浸透の「授業」をいくらやっても、それはさらなる「学級崩壊」を生みだすだけだろう。

私たちにとって、環境に適応すること、つまりニーズに応えることは、たしかに重要なことであるが、「ニーズ」という言葉によってすべてを正当化することは、きわめて危険なことである。私たちは、歴史的な現代の観察者であるときには一定の洞察に到達するが、社会的な現代の実践者であるときには一定の予断に拘束される。この実践者としての予断によって観察者としての洞察が台無しにされること――この危険性を語ることこそ、「批判」と呼ばれるべき行為である。私たちは、たんに社会のなかで社会に適応するだけではなく、社会のなかで社会を批判することもできるはずである。*

＊ ちなみに、このような批判の脱落という問題は、残念ながら、ドイツやオランダにおいてルーマンの教育システム理論を新しい教育システム構想の基礎にすえようとしている研究者、Backes=Haase(1993)にも、Vanderstraeten (1997, 2000a)にも見いだせる。

5　教育の実践理論を構築するために

さて、〈教育の批判理論〉にかまけていて、〈教育の実践理論〉の構築を忘れるようなことがあってはならないだろう。大事なことはしかし、何を考えながら〈教育の実践理論〉を構築するのかである。これまで論じてきたように、機能システムの高進、社会の流体化という現実がつきつけるニーズを考えるだけでは、たぶん不充分である。そもそもニーズに応えることは素人にもできることであり、かりにも専門家であるはずの教育の研究者が〈教育の実践理論〉を構築しようとするなら、歴史的現代の観察者でなければならない。

すなわち、教育の研究者――いわゆる教育学者でも、社会学者でも、経済学者でも、法学者でもいい――は、教育言説がどのような歴史的な学知（エピステーメ）にフォーマットされているのか、その教育言説が社会構造との符合・ずれのなかで、どのように暴力を生みだしていくのか、その存立機制を洞察しなければならない。そのいみでは、教育の研究者は、やはり〈教育の批判理論〉を手放すわけにいかないのである。

もしも、こうした〈教育の批判理論〉を手放してしまったら、教育言説は「教職教育学」に、すなわち制度としての教育を再生産するためのだけの規範理論、退屈でつまらない実践理論に矮小化されてしまうだろう。なるほど、何らかの問題を解決しようとして規範に訴えることは、その問題の存立機制を考えなくてすむといういみでラクであるが、多くの場合、いくら規範に訴えても、問題はほとんど解決しないのである。

教育そのものが問題になりうるという視点をもちながら、アクチュアルな教育（問題）を分析し、その存立機制を明らかにすること。すくなくとも「教育（問題）はいかにして可能になるのか」という問題をとくどころか、「教育（問題）の存立という謎を発見する必要はありません」、「教育の彼岸から教育を語るのはいかがなものか」と暗示する一部の、矮小な教育学の蛸壺から一歩もでない研究者に、教育を記述する資格はないと思う。

〈文献表〉

青木信人　2000　『子どもたちと犯罪』岩波書店

春日武彦　2000　『不幸になりたがる人たち——自虐指向と破滅願望』文藝春秋。

木村浩則　1999　「N・ルーマンにおける教育の秩序化原理」第九回教育思想史学会大会・当日配付資料（なお、同資料に加筆し修正を加えたものが『熊本大学教育学部紀要』に掲載）。

田中智志　1999a　「言説としてのペダゴジー」田中智志編『ペダゴジーの誕生』多賀出版。

田中智志　1999b　「ポスト構造主義の教育分析」原聡介ほか編『近代教育思想を読みなおす』新曜社。

田中智志　2000　「矯正教育における少年の形象——償いの臨床知」『教育学年報　八』世織書房。

田中智志　近刊　『教育の批判理論・序説——フーコー・デリダ・ルーマン』世織書房。

間庭充幸　1996　『現代犯罪の深層と文化——日米中比較社会学』（第二版）世界思想社。

間庭充幸　1997　『若者犯罪の社会文化史——犯罪が映し出す時代の病像』有斐閣。

＊

Backes-Haasse, Alfons　1993　"Irritierende Theories: systemtheoretische Beobachtungen der 'Theorie-Praxis-Problems' der Pädagogik," *Vierteljahrsschrift für wissenschaftliche Pägdagogik* 69: 180-200.

Bolz, Norbert　1997　*Die Sinngesellschaft*. Müinchen: Econ Verlag. = 1999 村上淳一訳『意味に餓える社会』東京大学出版会。

Bourdieu, Pierre and Passeron, Jean-Claude　1970 *La Reproduction: Élements pour une theorie du systeme d'enseignement. Paris:* Editions de Minuit. = 1991 宮島喬訳『再生産——教育・社会・文化』藤原書店。

Deleuze, Gille et Guattari, Felix　1980　*Mille Plateaux: Capitalisme et Schizophrenie*. Paris: Editions de Minuit. = 1994 宇野邦一ほか訳『千のプラトー——資本主義と分裂病』河出書房新社。

Foucault, Michel　1975　*Surveiller et punir: naissance de la prison*. Paris: Gallimard. =　1977　田村俶訳『監獄の誕生——監視と処罰』新潮社。

Goffman, Erving　1963　*Stigma: Notes on the Management of Spoiled Identity*. Prentice-Hall. = 1970 石黒毅訳『スティグマの社会学』せりか書房。

Luhmann, Niklas　1984　*Soziale Systeme,* 2 Aufl. Frankfurt am Main: Suhrkamp.　=　1993　佐藤勉監訳『社会システム理論』恒星社厚生閣。

Luhmann, Niklas　1985　"Erziehender Unterricht als Interaktionssytem,"　J. Diederich, ed., *Erziehender Unterricht: Fiktion und Faktum ?* Frankfurt am Main: GFPF.

Luhmann, Niklas　1996　"Takt und Zensur im Erziehungssystem," N.Luhmann und K. E. Schorr, Hrsg., *Zwischen System und Unwelt: Fragen an die Pägagogik*. Frankfurt am Main: Suhrkamp.

Luhmann, Niklas　1998　*Observations on Modernity*. Stanford: Stanford University Press.

Tyack, David and Elisabeth Hansot　1982　*Managers of Virtue: Public School Leadership in America, 1820-1980*. New York: Basic Books.

Vanderstraeten, Raf　1997　"Circularity, Complexity, and Educational Policy Planning: A Systems Approach to the Planning of School Provision," *Oxford Review of Education* 23: 321-332.

Vanderstraeten, Raf　2000a　"The Performance of the Educational System," F. Parra-Luna, ed., *The*

Performance of Social System. New York: Plenum Press.
Vanderstraeten, Raf　2000b　"Luhmann on Socialization and Education," *Educational Theory* 50: 1–23.

第4章　喪われゆく他者

——匿名性が生みだす暴力

Lost Vision of Others: Violence Raised by Anonymous

abstract　人は、他の人から自分が見えなくなっても、道徳的にふるまうことができるだろうか。この問いは、良心が他者を必要とすることを暗示している。この場合の他者は、たんなる他者ではなく自分が愛する他者である。愛する他者がいることで、また他者に愛された経験によって、世界には意味があるという信念が形成される。しかし、現代社会は、全面的に機能によって秩序化され、「流体化」し、定住的共同体を失い、対面的親密性を阻害しつつある。すなわち、愛の経験は危機に瀕し、人は社会的機能（役割）に還元されつつある。子どもたちが将来に不安を抱くことも、こうした、全面的な機能化、社会の流体化と密接に関係している。したがって、社会全体を視野に収めながら、全面的な機能分化社会、流体的社会にふさわしい、新しいタイプの共同体をあちこちで具体的に創出することこそ、今もっとも必要とされている政治的な課題である。

1　透明人間がつきつける問題

「透明人間」といえば、古くからあるＳＦのテーマの一つであるが、このテーマは、定番ともいえるような一つの倫理学的な問題をともなってきた。それは、〈人は、他の人から自分が見えなくなっても、道徳的でありうるか？〉という問題である。

近年、透明人間をリアルに描いたハリウッド映画『インヴィジブル』(2000)が公開された。[*] その映画のメインテーマも、この倫理学的な問題である。その映画のなかで、インヴィジブル（見えないもの）となった主人公ケインは、しだいに道徳や倫理を無視した行動をとるようになり、ついには殺人をおかしてしまう。そのとき、いみじくも彼は「姿が見えなくなると、良心もなくなるみたいだ」とつぶやくのである。

＊『インヴィジブル』の原題は Hollow Man（うつろな／実体のない男）で、監督はポール・バーホーベン、主演（セバスチャン・ケイン役）はケビン・ベーコンである。

ひょっとすると、近代社会に生きる人びとの良心は、なんらかの「心理学的実体」ではなく、他者から見られているという自己意識なのかもしれない。すなわち、道徳的な人格だから、他人の視線を気にするのではなく、他人の視線を気にするから、道徳的に行動するのかもしれない。これはフーコーが論じたことでもある。フーコーは、有名な『監視と処罰』（邦訳『監獄の誕生』）という本のなかで、近代社会はパノプティコンによって秩序づけられていると論じたが、彼がその「パノプティコン」という言葉で示そうとしたことは、近代人の良心は他者の視線だ、ということだった（Foucault 1975=1977）。

ついでにいえば、近代社会だけでなく、伝統的な社会においても、良心は他者の視線だったのかもしれない。中世西欧社会におけるキリスト教の神――あるいは中世から近世の日本社会における「お天道様」――は、当時の倫理・道徳の根幹をなしていたが、それらは、なんらかの宗教的な実体だったというよりも、絶対的な他者の視線だった、ということができるからである。たとえば、Eye in the Sky（空に浮かぶ巨大な眼）は、古くからキリスト教の――キリスト教に限らないが――神を象徴する形象だった。

もしも、今述べたように、他者の視線が人の良心を構成しているとするなら、そこに物理的に他者がいるにもかかわらず、そこに他者がいると感じられなくなる、ということは、良心が薄れていくこと、なくなることを意味している。そういういみでの、すなわち他者の喪失としての良心の消失は、近年、とみに目につくように思われる。

一九九〇年代後半から、日本社会では陰湿な暴力、凶悪な暴力が目立ちはじめている。マスメディアのセンセーショナルな取りあげ方や、それに踊らされた人びとの過剰な自己防衛反応に違和感をおぼえる人も多いだろうが、そうした人たちも、近年の事件の内容そのものからは、かつての犯罪事件から感じられたような人生の悲哀ではなく、いままで経験したことのないような人間の異変を感じているのではないだろうか。

卑近な例をあげるなら、このところ頻発している電車の中の暴力事件や、何百通にもおよぶ匿名のいやがらせのメールなどが、そうである。また、極端な例をあげるなら、一九九七年三月と五月、一四歳の少年が、「人間の壊れやすさを確かめる」ためにだけに、通りすがりの小学生をハンマーで殴り殺し、また知り合いの小学生の首を切り取り、口を耳まで切り裂いた神戸の連続児童殺傷事件、また、二〇〇一年六月、何の理由もなく小学生を八人も殺害した大阪の池田小学校事件などが、そうである。* さらに、こうした犯罪行為ほどではないけれども、インターネット上のチャットは、完全に匿名で行われるせいだろう、しばしば「どうしてそこまでするの……」と思えるような誹謗中傷――いわゆる「フレーミング」――に満ちている。こうした事件ないし現象は、他者をまるでモノのように見てしまうあぶない人間が少なからずいることを示している。**

＊　この他にも、次のような事件がある。一九九八年一月、一九歳の少年が、とおりすがりの一五歳の少女と女性を刺して重傷を負わせ、さらに幼稚園にかよう途中の五歳の女の子を刺し殺した(大阪の女児刺殺事件)。一九九九年八月、一五歳の少年が、何の理由もなく、近くに住む一家四人を殺し、二人に重傷を負わせた(大分県野津町の一家六人殺傷事件)。二〇〇〇年五月、一七歳の少年が、「殺人を経験してみたかった」という理由だけで、見ず知らずの主婦を殺害した(豊川市の主婦殺害事件)。それから数日後、一七歳の少年が、この豊川市の主婦殺害事件を知り、「先を越されたと思って」、高速バスを乗っ取り、乗客を殺傷した(西鉄高速バス乗っ取り殺傷事件)。
＊＊　むろん、たんに子どもがマナーを知らないということであれば、教えればすむことだから、

たいした問題ではない。しかし、本当にたんにマナーを知らないだけなのだろうか。『児童心理』九月号［二〇〇一年］の特集「マナーを知らない子・教えない親」を参照。

この章で考えてみたいことの一つは、こうした倫理的な問題、端的にいえば、他者の消失による良心の消失であり、この問題を生みだしていると考えられる、現代の社会構造である（なお、ここでは、社会を、①全体社会、②対面的な共同体、③親密な人間関係、の三層に分けて考えたい）。ここでもう一つ考えてみたいことは、こうした倫理的かつ社会的な問題が教育現場につきつける緊要な課題である。

2　他者はどのように消えるのか

帰属する対面的共同体のないところに他者は存在しない

近年の凶悪な暴力、陰湿な暴力を行使する者には、共通した特徴がある。それは、自制心の弱さ、すなわち何かをしようとするときに、自分の意識・欲望だけをよりどころにして、他者の気持ちをまったく考えない、ということである。もうすこし精確にいえば、行為に際して、自分の意識のなかに「他者」が形成されていない、ということである。

では、どういう場合に、自分の意識から配慮すべき他者がいなくなるのだろうか。透明人間のことを考えれば、〈自分を見えなくする〉場合に他者がいなくなる、といえるだろう。とはいっても、なにも実際に透明人間にならなくても、〈自分を見えなくする〉ことはできる。たとえば、名乗らない（匿名になる）ことは、実質的に〈自分を見えなくする〉ことである。「匿名でいいですよ」といわれた瞬間に、私たちは誰でも一種の解放感をおぼえるはずである。そのとき、私たちは、何から自由になったのだろうか。おそらく、私たちは、自分の行為が他者に及ぼす影響への責任から自由になったのだろう（この種の責任の概念については、佐藤直樹（1995: 145-6）を参照）。

他者にたいする責任は、私たちがなんらかの対面的共同体――のちにふれるように、多くの場合、定住型共同体――（たとえば、町内会）のなかで生きているかぎり、かならずつきまとうものである。いうまでもなく、私たちがそれぞれ、何らかの共同体的な機能を担っているからである。たとえば、週に何回も届けられる回覧板を、面倒くさいと思って放置してしまうと、次の人が、そしてその次の人が、そしてさらにその次の人が……というふうに、みんなが困ることになる。結局のところ、他者にたいする責任は、自分の帰属している対面的共同体にたいする責任である。

この他者ないし対面的共同体にたいする責任から逃れようとすれば、対面的共同体から離れるしかないだろう。それは、たとえば、旅に出ることであり、匿名で行為することである。どちらも、〈自分を見えなくする〉ことで、他者／対面的共同体にたいする責任から逃れることである。「旅の恥はかきすて」という古い俗諺があるように、旅先の見知らぬ土地においては、人は、本当は名前があっても、ないようなものだからである。

つまり、〈自分を見えなくする〉ということは、人が対面的共同体にねざして生きているという、社会学的な現実を忘れることであり、帰属する対面的共同体のないところに自分自身(identity)は存在しないという、存在論的な事象を忘れることである。他者が自分の意識から消えてしまうのは、このときである。すなわち、自分がずっと暮らし視線をあびつづけるトポス(生活圏)がなくなるとき(ないとき)である。

親密な関係のないところに他者は存在しない

しかし、すこし考えてみればわかるように、人は、匿名だからといって、見知らぬ土地にいるからといって、いつも無神経にふるまったり暴力的にふるまったりするわけではない(そんな人はとてもすくない)。これは、私たちの多くが対面的共同体(定住型共同体)から自由になった場合においてもなお他者を意識していることを暗示している。*

* 日本ではそうでもないが、アメリカでは定住型共同体から自由になることは、人生の重要なテーマである。アメリカ人にとっては、「親に反抗すること」「家を出ること」「自活すること」は、大人になることの徴である。いいかえるなら、生まれ育った共同体から自由になってもなお道徳的・倫理的であることが、自律的な個人であることである。たとえばベラーらの考察を参照(Bellah, et al. 1985＝1991:65-6)。

私たちが対面的共同体から自由になったときに意識する他者は、どんな他者だろうか。その他者は、たんなる対面的関係にある他者ではない。その他者は、仕事のうえでの関係、近所づきあいでの関係、そういった表面的な対面的関係よりももっと濃密な対面的関係にある他者であるにちがいない。かつて現象学が、濃密な対面的関係にある他者の概念を「相互主観性」という概念によって展開しかけたことがあるが、近年、このような他者の概念を入念に展開しているのが、フランスの哲学者デリダである。

デリダがとなえる他者は、代替不可能な存在でありかつ認識不可能な存在である。すなわち、かけがえのない人でありかつ魅惑的な人である。そのような他者を、デリダは「まったくの他者」(tout autre)と呼んでいる(Derrida 1992)。* それは「あかの他人」ではなく、自分が大事にしている他者、大事にされたいと思っている他者、自分の理解を超える存在である。つまり、デリダのいう「まったくの他者」は、その——「あかの他人」という——リテラルなニュアンスとは逆に、友愛、恋愛、情愛の関係にある人である。

＊　デリダにとっては、「すべての他者はまったくの他者である」(Tout autre est tout autre)と了解することこそが、唯一の「正義」である。『死を与える』(Derrida 1992)を参照。

いい方を変えてみよう。たとえば、竹内敏晴は、次のように述べている。「新しくともに暮らし始めたパートナーが私につきつけたのは、人が人にふれたと感じるその先にこそ、根源的な他者性が現れる、ということだった。絶対に到達することができない個がそこにある、ということだった。ひとりは孤りであり、つねに私の彼方にある。それが『あなた』だった。愛しているということは、なに一つ保証するものではない」(竹内敏晴 1999: 239)。つけ加えさせてもらえば、愛していなければ、竹内は、「あなた」の他者性（個体性）にふれることもなかっただろう。

親密な関係が他者への配慮を可能にする

人は、ある人と親密な関係をもつと、別の人とも親密な関係をもつことができるようになり、その結果として、不特定の他者に配慮するようになる、ということができるだろう。* たとえば、「自分が親になってはじめて、他人の子どもがかわいいと思えるようになった」としばしばいわれるように、人は、親密な関係を経験すると、アナロギア（比喩的な同一視）によって、あかの他人をも気遣うことができるようになる。

* たとえば、フランクルは、『死と愛』のなかで、「愛する者は、他者への献身において、自分を超えていく内的な豊穣化を体験する。なぜなら、愛は人を盲目にするものではなくて、むしろ人の眼力をつよめるものであり、〔これまでわからなかった〕価値をわかるようにするものだからである」と述べている（Frankl 1971＝1985:147　ただし訳文を変更）。

この親密な関係の経験は、それが幼いときであればあるほど、人の心をポジティブにフォーマットするものになる、と考えられている。たとえば、精神科医のハーマン（Herman, Judith Lewis）は、『心的外傷と回復』のなかで次のように述べている。「世界には意味があるという信念は、他者との関係において形成され、その始まりは、誕生直後にさかのぼることができる。最初の親密な関係において築かれる基本的な信頼感が、この信念を基礎づける。法、正義、公平などの感覚は、それより後に生まれ、児童期に世話をする人や友人との関係のなかで発達するものである」（清眞人 1999: 35から引用、ただし訳文を変更した）。

「世界には意味がある」と感じることは、敷衍すれば、「世界に満ちている他者には意味がある」「私がこの世界を生きることには意味がある」と感じることである。そのような感覚は、言語（理性）――法・倫理・道徳の言説――によって構築されたものではない。それは、言説によって納得する以前からある身体感覚のようなものである。そうした反ニヒリズム――つまるところ「良心」と呼びうるだろう根源的なセンス――を形成するものが、幼いころからの他者との親密な関係の経験である。

幼いころからの他者との親密な関係は、ドストエフスキーが求めてやまなかった「聖なるもの」の一つである。彼は、『カラマーゾフの兄弟』の「エピローグ」のなかで、アリョーシャに次のようにいわせている。「みなさんは、教育についていろいろなことを聞かされているでしょう。しかし、子どものころから保存されている、なにかこのように非常に美しい、神聖な思い出こそ、いちばんよい教育なのかもしれません。こうした思い出をたくさん持っているならば、その人間は一生涯救われることになります。そして、たった一つでも美しい思い出が僕たちの心に残されていれば、それもいつかは僕たちの救いに役立つことがあるかもしれません」（Dostoevski 1972=1983, 第11巻: 449）。

幼いころからの他者との親密な関係を失うとき、どれほど凶悪な暴力が生みだされるか、それは、先にふれた神戸の連続児童殺傷事件が、端的に物語っている。その事件の犯人、当時一四歳の少年は、ただ「人を殺すことを体験する」ためだけに、つまりふつうの人間が納得できる動機を欠いたまま、通りすがりの小学生をハンマーで殴り殺し、また知り合いの小学生の首を切り落としたうえに、口を耳まで切り裂いている。

端的にいえば、この少年には、反社会性人格障害者に見られるように、良心が形成されていない。彼は、人を殺すことについて生理的な嫌悪感をまったく抱いていない。つよい憎しみや怒りが良心を押さえつけ人を殺してしまった、というケースは、まだ理解できるが、押さえつけられる良心がないままに人を殺してしまう、というケースは、理解しがたい。そのいみで、この少年の「動機なき殺人」は、大人たちに大きな衝撃を与えた。

この少年の犯した「動機なき殺人」は、デュルケームのいう「アノミー」状態、すなわち支配的な価値の喪失による社会の無秩序化を暗示しているように見える。いいかえるなら、少年たちの犯した「動機なき殺人」は、理想を求めた時代にくすぶっていた不平・不満のような「熱く鬱積したものをどうしてももちえないために、そうしたナマの実感を何とかして得たいとする焦りから」生じたように見える（小浜逸郎 2000: 199）。

しかし、より子細にこの事件の背景を調べていくと、幼児期の彼が、異様なまでに教育的に処遇されたり、ネグレクトされていたことがわかってくる。この少年は、二歳になるまえから厳しく母親にしつけられた。排尿、排便、食事、着替え、おもちゃの後かたづけなど、口やかましく命令され、できないときびしく叱責されたという。「この世に生まれて出てほんの数年しかたっていない、甘えることが生きている実感そのものであるかのような時期に、［彼の母親］はそれをいっさい許さなかった。父親は、ふだんはおとなしい生真面目な人物だったが、急に火が付いたように怒りだすことがあった」（高山文彦 1998: 132）。

人は、ふつう人を殺さない。これは、人が倫理学を勉強して、人を殺してはいけない理由を学問的に納得したからではないし、道徳教育を受けて、人を殺してはいけないというルールを学習したからでもない。人が他人を殺さないのは、たんに他者とのかかわりなかで人を殺せないように自己形成してきたからである。宮台真司がいうとおり、「他者とのコミュニケーションから得られる承認をつうじて自尊心を形成してきたような人間……は、人を殺すことができない」（宮台真司・藤井誠二 2001: 23）。

ようするに、幼いときに親密な関係を充分に経験してきた人は、対面的共同体から自由になっても、そこに配慮すべき他者を見いだすことができるし、そうすることで、エゴイズムを抑制することができるだろう。逆に、幼いころに親密な関係を充分に経験してこなかった人は、対面的共同体から自由になると、そこに他者を見いだすことができず、エゴイズムにとらわれてしまうだろう、ということである。

親密な関係を浸食するもの

これまでの議論が、大筋で正しいとするなら、〈他者がいない〉という状態が生じるときは二つある。一つは、自分が心身ともに帰属する家族・親族・地域などの対面的共同体を失うときである。もう一つは、他者との親密な関係を、幼いころに――おそらく生後すぐから五、六歳くらいだろう――充分に経験していないときである。

このように考えるなら、人は、匿名であっても旅先にあっても、なんらかの対面的共同体にねざして生きていて、親密性を充分に経験していれば――よほど相手や社会に深い恨みでももっていないかぎり――暴力的になることはない、と考えられる。逆に、対面的共同体の衰退、親密性の剝奪によって、結果的に他者がいなくなってしまうと、人は、ささいなことで、知らないうちに暴力的な存在になってしまう、と考えられる。

このように考えるなら、次に考えるべきことは、何が対面的共同体を浸食し、親密性を阻んでいるのか、である。ただし、ここでは個別的なケースについて、この問題を考えるのではなく、現代社会全体の情況について、この問題を考えてみたい。というのも、現代の社会全体が、対面的共同体を浸食し親密性を阻害する構造的な特徴をもち、しかもその構造を日増しに強めている、と思われるからである。

3　流体化する社会

自律的個人の機能性指向

一九八七年に出版され、これまで五〇〇万部売れたといわれる自己啓発の本がある。ビーティというアメリカ人の書いた『もう共存しない』(*Codependent No More*)という本である(Beattie 1987)。ビーティの主張はじつに明快であり、それは、人は他人にかかわらないほうが幸福に生きられる、というものである。「他人の事にかかわれば、気が変になるのはあたりまえです。自分自身だけを相手にしていれば、なんでもなく、幸せでいられます」と、彼女は述べている(Baumann 2000: 65=2001: 84から引用)。

なるほど、ビーティが論じているように、人が、自分の友人のトラブルを解消しようとすれば、その人に深くかかわることになり、その人に深くかかわればかかわるほど、自分の自由、自分の時間は奪われてしまう。しかも、うまくトラブルが解消したとしても、自分に得るものは何もない(と、すくなくとも彼女は考えている)。つまり、自律的な個人を理想とするかぎり、他者にかかわることは損だ、と彼女はいうのである。

むろん、自分を自律的な個人であると思っている人も、けっして自分ひとりで生きられるわけではない。彼(女)らも、だれか他者を必要としている。たとえば、彼(女)らが毎朝飲む牛乳をパック詰めにしてくれる人がいる。自分のかわりにテロ対策をしてくれる人がいる。病気・ケガの治療をしてくれる人がいる。子どもの世話や教育をしてくれる人がいる、こうした人たちがいなければ、私たちはほとんど生きることができない。

しかし、自分を自律的な個人と見なしている人は、こうした人びとを生身の他者と見なしていない。彼(女)らは、こうした人びとを機能システムの一部と見なしている。労働者は経済システムを構成する生産機能の一部であり、政治家は政治システムを構成する政治機能の一部であり、医者は医療システムを構成する治療機能の一部であり、教師は教育システムを構成する教育機能の一部である——といった具合である。

なるほど、人はだれでも、なんらかの社会的機能（役割）を担っているが、社会的機能に還元される存在ではない。人は、社会的機能をはるかに超えた、無定形の、個別的な意味に満ちた、情感豊かな、偶有性に左右される、生身の生活を営んでいる。ドイツの社会学者ハーバーマスの用語を使うなら、人はだれでも、社会的機能に還元されない「生活世界」(Lebenswelt) を生きている (Harbermas 1981: 182=1987, 下: 17)[*]。

＊　ハーバーマスは次のように述べている。「生活世界は、「いつでもすでに」そこにおいてコミュニケーション的［互恵的］行為がなされる地平である」(Harbermas 1981: 182=1987, 下: 17)。

ただ、この生活世界は、情況次第というところがあって、なかなか自分の思いどおりにならない。生活世界は、いわば、なるようにしかならない世界である。自律的な個人からすれば、これほど鬱陶しいものはないだろう。自律的な個人は、なにごとも理性的に操作し、問題をすみやかに処理しようとするが、彼（女）らから見れば、生活世界にはあまりにも多くの変数があり、しかもそれらが複雑に絡まり合っているために、とても理性的にすみやかに操作することのできないものに、見えるのである。

流体的秩序

ところで、人びとが、生活世界を機能システムによって処理しようとし始めたのは、けっして近年に特有の現象ではない。人びとが、偶有的である（てまひまのかかる）ことをきらい、どこまでも機能的である（すみやかである）ことを好むようになったのは、おそくとも一九世紀である。たとえば、アメリカにおいては、こうした機能性指向という現象が、おそくとも一九世紀の初期あたりから、北東部地方の都市で広まっている。

しかし、ここ一〇年くらいの――つまり二〇世紀末期からの――先進社会の全面的な機能的分化は、それ以前の機能的分化と本質的に異なっている、といってよいだろう。というのも、一九世紀から二〇世紀後期にかけての機能的分化は、まだ背後に位階的秩序を前提にしていたが、二〇世紀末期からめだちはじめた機能的分化は、もはや背後にいかなる位階的秩序も含みこんでいないように見えるからである。

旧来の機能的分化が前提にしていた位階的秩序は、たとえば、会社組織、政党組織、病院組織、学校組織、家族関係に見いだせる家父長的なそれである。こうした組織（関係）を秩序づけているのは、年功・性別の秩序、つまり長幼の順、男性支配にもとづいたピラミッド型の上下関係である。こうした位階的秩序に染みついていたのは、端的にいえば、より巨大・より固定的・より普遍的であるものがよいもの、という価値観である。

これにたいして、二〇世紀末期からの新しい機能的分化は、社会学者バウマンの言葉をもじっていえば、「流体的秩序」(liquid order)を前提にしている、といえるだろう(Bauman 2000=2001)。バウマンによれば、現代社会の特徴は、何をするにしても、位階的秩序ではなく、「より早い・より軽い・より動かしやすい」という流体的秩序が最優先される、という点にある(Bauman 2000: 12=2001: 18)。いいかえるなら、現代社会は、経済、政治、医療、教育といった機能システムを確立しおえていて、そうした機能システムをより早く・より軽く・より動きやすくすることだけに夢中になっている社会である。

たしかに、バウマンのいうとおり、現代社会においては、かつて威信・権威のあったものからその威信・権威が大きく奪われているように見える。資本家、政治家、医者、教師の威信・権威は、ずいぶんと軽くなっているように見える。今、重視されているのは、資本家・政治家・医者・教師にこれまで付随してきた位階的な価値（たとえば、階級的な位置）ではなく、猫の眼のようにかわる情況を喜びつつ、それに臨機応変に対処する、経済的・政策的・治療的・教育的なテクノロジーなのである。

いわゆる「グローバル化」は、こうした現代社会の流体化を端的に表している。グローバル化は、世界に展開する経済システムが、特定の共同体(国家・地域)にねざした経済活動を浸食することであるが、それはしかし、経済に限定された現象ではなく、生き方全体にかかわる現象である。というのも、グローバル化をささえている価値観は、慣習的なものを再生産し、安心できるものに寄りかかり、平穏にみちた生を希求することではなく、ひたすら新奇なるものを追い求め、固定的なものを捨て去り、刺激に富んだ生を希求することだからである(たとえば、佐伯啓思(2001)を参照)*。

＊　いわゆる「携帯」も、社会の流体化をあらわす現象である。越智康詞によれば、それは「他者へのもってまわった配慮(＝儀礼)よりも気軽さ・便利さなどの機能性を優先する社会に、あるいは……幸福感や実益に直結するウチワ関係を重視するわれわれの文化に、とてもうまく適合したメディアである」(越智康詞 2001: 43)。

こうした社会の流体化によって、たしかな目的(普遍的なテロス)、たしかな物語(普遍的な成長譚)は成り立ちにくくなる。*「この時代、個人の自己形成の努力には、あらかじめ目的地が与えられているわけではな」い。「目的地は激しく、何回も変更される」からである(Bauman 2000:7＝2001:11)。事実、いくつかの調査結果が示しているように、日本の子どもは、「社会」「将来」につよい不透明感をいだいている。「社会」「将来」が不透明であるかぎり、努力する理由が見つからなくなったり、歪んだりするのだろう。

＊　一九八〇年代に、「大きな物語」の否定を唱える「ポストモダニズム」が一世を風靡した。それは、

当時、まったく新しい思想としてもてはやされたが、今から考えるなら、それは、流体化という社会現象に後押しされながら流布していった思想だったのだろう（田中智志 2001）。

失われる共同体

また、こうした社会の流体化によって、さきほどから問題にしている、旧来の対面的共同体、そこで醸成される親密な関係も成り立ちにくくなる。第一に、地域社会であれ、私的なサークルであれ、旧来の対面的共同体は、慣習的なもの・慣れ親しんだもの、つまり「定住性」（residentiality）と一体だったからであり、第二に、友情であれ、恋愛であれ、家族愛であれ、親密な関係は、機能的ではないもの・有用ではないもの、つまり「冗長性」（redundancy 失敗・挫折にたいする寛容さ）と一体だったからである。

考えてみれば、日本社会からずいぶん多くの対面的共同体（共同性）が失われてきた。一九八〇年代から一九九〇年代にかけて、うっそうと茂る「鎮守の森」を中心とした村落的な共同体も、*共同利益でむすばれた「組合」のような左翼的な共同体も、「部活動」のような学校的な共同体も、そして「家族団欒」のような家庭的な共同体も、大きく失われてきた。子どもたち・若者たちにとって残っている共同体は、「ノリがいい」「ノリがわるい」というときの「ノリ」のような、感覚にもとづく軽い共同体、というよりも共同性くらいではないだろうか。そこにあるものは、イリイチがいうところの「制度化された価値」だけである。

＊　神社は、現在、全国に七万九〇〇〇あるというが、その多くは、室町時代前後の惣村形成期に村落的共同体の要として創られたものである（『朝日新聞』2002. 6/10, p.6）。念のためにいえば、定住型の対面的共同体は、ヘーゲルがいうような、個人の死によって形成される共同体、すなわちイエスの死によって形成されたキリスト教的共同体ではない。それは、所詮、近代的な共同体幻想である。

しかし、感覚にもとづく共同性は、子どもたち・若者たちの自意識に安心できる居場所をあたえない。「本当の私って何？」というように、自意識を過剰に問題にする人や、「私が……、私が……」と自意識を露出したがる人は、感覚にもとづく共同性においては、「ノリ」を壊してしまう人として、嫌われるからである。しかし、感覚にもとづく共同性に、自意識を消し去るだけの力はない。その結果、子どもたち・若者たちは、自意識の確立を求めて、たとえば、ネットのうえで匿名の罵詈雑言・誹謗中傷をぶちまけるしかなくなる。

ようするに、現代社会が、一九八〇年代以前と同じように、自律的個人を重視し有用性を希求する近代的な社会であるとしても、その特徴は大きく変わり始めている。現代社会においては、有用性に一定のカセをはめてきた位階的秩序が失われているのである。たしかに有用性の多寡によって、暫定的な位階的秩序は形成されるが、現代社会を基本的に支配するものは、あくまで有用性のルールであり、水が、高いところから低いところに流れていくように、人びとは、よりすみやかな処理可能性の方へと流れていく。

このような現代社会においては、旧来の共同体は激しく浸食され、親密な関係が失われることによって、関係の冗長性が希薄なものになっていく。その結果、さきに述べた理由から、〈他者がいない〉という状態が生まれやすくなる、と考えられる。〈他者がいない〉という状態がふつうになってしまえば、〈他者がいる〉ことは、苦痛このうえない状態になるだろう。そのいみでは、冒頭にあげた「他人とかかわらないほうが幸福だ」という考え方は、まさに現代社会の構造が生みだした考え方ではないだろうか。

4 他者をとりもどす

学級崩壊の背景

今、見てきたように、機能的分化が高進するなかで、社会の流体化が現代社会の避けがたい趨勢であるとすれば、旧来の教育的コミュニケーションの形態は、いずれ消えさる運命にある、といわざるをえないだろう。旧来の教育的コミュニケーションのゆらぎを端的に示している現象といえば、「不登校」であり「学級崩壊」である。文部科学省の二〇〇〇年度の全国調査によれば、不登校の子どもの数は一〇万人を超えている。また、国立教育政策研究所の全国調査によれば、二〇〇〇年度に約三割の公立小学校で学級崩壊が生じている。*

＊ 国立教育政策研究所の調査によれば、二〇〇〇年度、「校内で学級崩壊があった」と答えた公立小学校の校長は、五三四人の校長のうちの二六・〇%、六六一四人の教員のうちの三二・四%である。

アンケートに答えた六〇四校は、全国の公立小学校の約三％である（『朝日新聞』10/2, 2001, p.1）。なお、佐々木賢（1999）、諏訪哲二（1999）の所論も参照されたい。

旧来の教育的コミュニケーションが風前の灯火であるわけは、それが位階的秩序を前提にしているからである。学校には、旧来の位階的秩序が染みついている。家父長制のほかに、「大学」に象徴されるような学問的な真理を絶対視するカリキュラム、学年制、学校段階がある。また、「人格の完成」という言葉に象徴されるような道徳性を体現する人をあがめる教師―子どもの関係、教師―保護者の関係がある。そして、こうした位階的秩序を前提にした学校的ハビトゥスがある。すなわち、子どもが教師のいうことをちゃんときくこと、丁寧にノートをとること、整然と団体行動すること、などである。

しかし今、学校の外で子どもたちがなじんでいるのは、こうした位階的秩序ではなく流体的秩序である。いいかえるなら、子どもたちが今必要としているのは、指導者ではなく、助言者である。バウマンは、次のように述べている。「指導者は命令をくだし、規律への服従を要求できるが、助言者は、相手が自分の意見をすすんできいてくれることを待ち望まなければならず、自分の意見を聞いてもらうために、助言者は、まず聞き手の信頼をかちえなければならない」（Bauman 2000=2001: 84 訳文を変更した）。

ようするに、教師が教師であるというだけで子どもの信頼をかちえた時代は、終わりつつあるのである。今は、教師がまずなによりも子どもの信頼をかちえるために必死に努力しなければならない時代である。教育関係者は、全面的な機能的分化、社会の流体化という変化に合わせて、子どもの個体性（代替不可能性）を承認するという態度のもと、学校空間を流体的なものにフォーマットしなおさなければならないだろう。

抽象的な提言

子どもの個体性の承認はしかし、子どもに「媚びを売る」ことになってはならないと、私は思う。教師が子どもに迎合してしまい、何かについて「すごい人」であること（になること）を忘れてしまってはならないと思う。子どもは、見習い、のり超えるべき存在を必要としているからである。端的にいえば、教師は、半径五メートル以内のポリティクスをつうじて社会変革に参画することで、すごさを示すべきである。

たとえば、授業で、商店街の少年犯罪でも近くの川の環境汚染でも何でもいいが、誰も傍観者の立場をとることができないような大きな社会問題をとりあげて、教師がそのメカニズムを示してみてはどうだろうか。子どもたちがふだん自分たちの将来・未来につよい不安をいだいていることを考えれば、教師が、見通しにくい現代社会がなぜ見通しにくいのか、それを説明するだけでも、子どもたちのその教師を見る眼は、大きく変わるはずである。

また、「すごい人」は、なにも学校の教師だけである必要はない。前田英樹（2001）がいうように、たとえば、とびきりうまいトンカツを揚げる「おやじ」のすごさを感じるような、体験の場を用意することも、一案だろう。ミリ単位でライン取りができるといわれるF1レーサーのすごさでもいい。どんな人であれ、できるかぎり多くの子どもが「へえー、すごいな!」と感じるような、圧倒的な体験の場が必要である。

どんなことをするにしても、大事なことは、子どもたちが、社会構造であれ、とんかつ屋の主人であれ、F1レーサーであれ、自分よりも桁外れに巨大なものが存在することを了解し、それに怖れと憧れを抱くことである。「すごい!」と感嘆することこそ、学びの始まりであり、自分なりに学びつづけることが新しい人生の物語（ドラマ）をつむぐきっかけだからである。*

＊　清眞人は次のように述べている。「[今日の日本では]いわば「のれんに腕押し」的な空虚感・失望感が子どもの存在全体をすっかり浸していて、そのことが子どもの自我形成の内面的なドラマの力学を恐ろしく希薄化させ不能化させ不毛化させている」と（清眞人 1999: 16）。

とはいっても、私は、現代社会の問題を教育によって解決しようとは思わない。とめどない社会の流体化という情況に対処するためには、学校を新しい学びの場にするだけでは不十分だと思う。社会全体を視野に収めながら、流体的な社会にふさわしい新しいタイプの共同体をあちこちで具体的に創出することこそ、今もっとも必要とされている政治的課題だと思う。時代が必要としている新しいタイプの共同体を私たちが構想しつづけるなら、私たちの未来は、今よりもはるかに晴朗なものになるだろう。

しかし、具体的にどんな流体的共同体を構想できるかということになると、私に具体的なアイデアはほとんどない。教育学の世界にどういう流体的共同体をつくればいいのかについても、たいしたヴィジョンはもっていない。今、私にいえることは、流体的共同体は、第一に、親密な関係（冗長的なコミュニケーション）に満ちていなければならないということ、第二に、人はただ機能システムに依存寄生して生きることはできないということを、子どもに悟らせる場でなければならないということ、この二つである。

親密な関係は、すくなくとも幼い子どもにとっては、生存そのものである。親密な関係のないところで、幼い子どもは生きてはいけない。ちなみに、ハイデガーの用語として流通している「現存在」という言葉は、もともと Dasein というありふれたドイツ語である。この Dasein という言葉は、日常生活において「生存」といういみで使われることが多い。そして、ハイデガーは、Dasein の基本形態を Coesse つまり他者とともに在ることに見いだしていた。こうしてみると、すくなくとも子どもにとっての Dasein（共在的な生存）とは親密な関係に生きることである、といってもよいかもしれない。

ともあれ、経験的にいって、言葉によって、他者の見えない人に最低限のモラルを守らせることは、きわめてむつかしい。彼（女）らは、どのような言葉をかけられても、それを自分の都合のいいようにしか理解しないからである。常軌を逸した行為を道徳や説得で抑え込もうとすることは、間違いだろう。ただちに私たちがするべきことは、幼い子どもに、ともかく親密な関係を用意することであり、そうした経験をもたない子どもに、できるだけ早く親密な関係を用意することだ、と思う。私は、もっとも着実な社会変革は、こうした地道な社会環境の再構築によって可能になる、と信じている。

〈文献表〉

越智康詞　2001　「マナーの形骸化した社会」『児童心理』55(13)：42-47.
清眞人　1999　『経験の危機を生きる――応答の絆の再生へ』青木書店。
小浜逸郎　2000　「退屈だから殺す」『Voice』七月号：196-203.
佐伯啓思　2001　『貨幣・欲望・資本主義』新書館。
佐々木賢　1999　「相互コミュニケーションを見直す」『フォーラム 教育と文化』No.16: 26-35.
佐藤直樹　1995　『〈責任〉のゆくえ――システムに刑法は追いつくか』青弓社。
諏訪哲二　1999　『学校はなぜ壊れたか』筑摩書房。
高山文彦　1998　『「少年A」一四歳の肖像』新潮社。
竹内敏晴　1999　『教師のためのからだとことば考』筑摩書房。
田中智志　2001　「ポストモダニズムの教育理論」増渕幸男・森田尚人編『現代教育学の地平――ポストモダニズムを超えて』南窓社。
田中智志　近刊　『他者への配慮――ケアリングの社会理論』世織書房。
前田英樹　2001　『倫理という力』講談社。
宮台真司・藤井誠二　2001　『「脱社会化」と少年犯罪』創出版。

＊

Bauman, Zygmunt　2000　*Liquid Modernity*. Cambridge: Polity Press. = 2001 森田典正訳『リキッド・モ

ダニティ——液状化する社会』大月書店。

Beattie, Melody　1987　*Codependent No More.* Center City, MN: Hazelden (New York: Walker).

Bellah, Robert N., et al. 1985 *Habits of Heart: Individualism and Commitment in American Life.* Berkeley, CA: University of California Press. ＝1991　島薗進・中村圭志訳『心の習慣——アメリカ個人主義のゆくえ』みすず書房。

Derrida, Jacques　1992　*Donner la mort.* Paris: Éditions Galilée.

Dostoyevski, Feodor Mikhailovich　1972　*BratIla Karamazovy.* Moskva: Isd-vo Khudozh. lit-ra ＝1983　小沼文彦訳「カラマーゾフ兄弟Ⅰ・Ⅱ」『ドストエフスキー全集』10／11巻 筑摩書房。

Foucault, Michel　1975　*Surveiller et punir: naissance de la prison.* Paris: Gallimard. ＝　1977　田村俶訳『監獄の誕生——監視と処罰』新潮社。

Frankl, Victor Emil　1971〔1947〕　*Aerztliche Seelsorge.* Wien: Deuticke. ＝1985 霜山徳爾訳『死と愛』みすず書房。

Herman, Jüdith Lewis　1997　*Trauma and Recovery.* rev. edn. New York: Basic Books. ＝中井久夫訳『心的外傷と回復』みすず書房。

Habermas, Jürgen　1981　*Theorie des kommunikativen Handelns.* 2 Bd. Frankfurt am Main: Suhrkamp. ＝1987　丸山高司ほか訳『コミュニケイション的行為の理論』全3巻 未来社。

Luhmann, Niklas 1984　*Soziale Systeme.* 2 Aufl. Frankfurt am Main: Suhrkamp. ＝1993 佐藤勉監訳『社会システム理論』恒星社厚生閣。

第5章　他者への教育

――ニヒリズムを反転させる脱構築

Education of "tout autre": Deconstruction/Decodes Nihilism

abstract　他者は、同化されたり馴致されることによって消えていくものではない。他者は、たとえば、近代教育のような現実の言語ゲームが構築するヘゲモニーを撃つ批判的な拠点である。このような他者の存在を承認し教育することは、いかにして可能だろうか。第一に、他者への教育は、他者の理解不可能性を了解するという態度を要請するだろう。他者を理解することは、他者を承認することではなく物に還元することだからである。第二に、他者への教育は、近代教育の正当性を脱構築する知を要請するだろう。近代教育の正当性は、存在神学という、他者否定の思考にあるからである。近代教育の脱構築は、「進歩」「発達」「文明化」という上昇指向を相対化し、偶有的・刹那的な共在を語らなければならない。偶有的・刹那的な共在を語る存在論は、存在神学を喪った時代を生きる子どものニヒリズムを否定的なものから肯定的なものに反転させる契機となるだろう。つまり、偶有的・刹那的な共存を語る存在論は、生の悲劇性を感受するきっかけを子どもに与えるだろう。

1　自他の存在をめぐって

何の意味もない

南アフリカ・ケープ州北部の海岸には、荒れ果てた砂漠がえんえんと広がっている。砂漠といっても、大小の岩がころがるだけのその砂漠は、こまかな砂が海のように広がるエジプトの砂漠とはまったくちがう。南アフリカの作家ガルガットによれば、その砂漠は、「神に見捨てられた曠野」というにふさわしい場所である。

この「神に見捨てられた曠野」を舞台に、一九九八年につくられたベルギー映画がある。元女優のハンセルが監督した『月の虹』（原題 The Quarry）という映画である。原作は、いま述べた作家ガルガットの書いた同名の小説である（Galgut 1995）。

主要な登場人物は三人。ニヒリストの白人警官、牧師を殺しその牧師になりすましている白人の男、そして殺してもいない殺人の罪で逃亡生活をおくる黒人の泥棒である。砂漠のなかで逃亡追跡劇を演じる彼らはすべて、過去を喪い、孤独に苛まれる、社会的な敗残者である。監督のハンセルは「自分が何者であるのか……黒人なのか白人なのか、彼らにはもはやわからなくなっている。自分がどこに向かっているのかもわからない。ルーツは忘れ去られ、明日はもはや意味を喪っている」と述べている（Hänsel 1998）。

彼らに共通する感覚は、自分にも世界にも意味を見いだせないというニヒリズムである。どこまでも無意味に広がる砂漠、絶望という言葉すら無意味にするような曠野は、彼らにとりついたニヒリズムを増幅していく。その曠野は、ハンセルによると、「慈悲、愛、そして共感といった感情がいっさい入り込む余地のない」場所をあらわしている。

エルアイグニス?

原題の Quarry が「追う」「探す」を意味しているように、彼らは追いつ追われつ、救いを探し求めている。しかし、いくら追っても探しても、追っているもの、探しているものは見つからない。彼らが求めている慈悲・愛・共感は、この空間のどこにもなかった。彼らにとってそこは、まさしく「神に見捨てられた曠野」にほかならなかった。

しかし最後に、彼らは、自分たちが求めるべきものが慈悲・愛・共感などではない、と気づいた。求めるべきものは、すでに自分たちが生きていることを感受することだった。彼らは、信仰・人種・罪過にかかわりのない存在の意味、自分の存在、他者の存在のかけがえのなさを教える声を、沈黙のなかで聴いた。しかし、彼らに聴こえた声がどんな声なのか、映画を見ている私たちにはわからないまま、この映画は終わってしまう。

自己変容とともに聴こえる自他の存在を承認する声――それは、ハイデガーの言葉を借りていえば、「エルアイグニス」(存在の出来)かもしれない。ハイデガーは、「エルアイグニスだけが、交換取引と人為操作にあけくれ、自分を喪失している私たちを救い出すことができる」という（HG 1975, Bd. 65: 57）。エルアイグニスは、人に生きる歓びをとりもどさせる契機のすべてであるが、それが具体的に何なのか、具体的な個人にしかわからない。つまり、それは一般化できない。したがって、存在のかけがえのなさを教える声は他人には聴こえないのである。

自他存在と近代教育

自分・他者が存在することはどういうことなのか。自分・他者が存在することはなぜかけがえのないことなのか。ハイデガー、デリダは、こうした――ナイーブともいわれる――問いに答えようとしてきた（している）。その彼らが、これらの問いに答えようとするときに格闘したものが、彼らが「存在神学」（Onto-theologie）と呼ぶ思想である。

存在神学――形而上学とほぼ同義と考えられるだろう――を端的に表しているものが、「先進」「進歩」「文明」などのイデオロギーである。あらためて述べるが、大まかに考えるなら、近年英語圏で問題になっているコロニアリズムは、この存在神学に裏打ちされている思想であるといえるだろう。コロニアリズムは、他者の存在を無視し同化をはかる暴力を含んでいるからである。そして、丸山恭司が述べているように、「近代教育学は、子どもを「われわれの手助けが必要な蒙昧」ととらえ、コントロールの対象とし、その技術の開発をめざしたという点で、コロニアリズムと類比的である」（丸山恭司 2002: 5）。

こうしたコロニアリズムにたいして、ポストコロニアリズムは、他者の存在を無視し同化をはかる行為を批判し、他者の存在を承認し共生をはかる思想である。このようなポストコロニアリズムは、近代教育批判とわかちがたいといえるだろう。これまた丸山が論じているように、「近代教育批判を試みる者には、教育において他者を承認することこそが、実現されるべき課題」だからである(丸山恭司 2000: 111)。

同化される他者と批判する他者

教育において他者を承認するためには、まず、教えるという行為における他者の概念を知らなければならない。丸山によれば、教えるという行為における他者は、「言語ゲームの遂行を妨げる者」である。つまり、教えるという行為における他者は、暫定的ながらも、教える者が前提にしているルールに従うことによって、その異質性を喪う運命にある者である。「[言語ゲームとしての]教育における他者は、[教授者と学習者との]生活形式の一致によって暫定的に解消されるものである」(丸山恭司 2000: 117)。

いいかえるなら、教えるという行為は、本質的に他者を承認することができない。教える者は、言語ゲームの外部にいる他者を語ることができない。にもかかわらず、教える者は、「他者に向かって語りえぬものを伝えるために、伝わらないかもしれない」と思いながら、語り続け、示し続けるしかない。このとき、学ぶ者である他者は、「教育内容をめぐる[教える者と学ぶ者との]質的属する言語ゲームとの関係は、さしあたり水平的である。

しかし、実際に教える者の帰属する言語ゲームは、学ぶ者の帰属する言語ゲームを見くだしている。現実社会の公けの言語ゲームは、ヴィトゲンシュタインが想定する抽象的な言語ゲーム概念とはちがい、なんらかの支配（ヘゲモニー）の形成と一体である。たとえば、コロニアリズムとしての近代教育は、まさに西欧的な価値観のヘゲモニーを形成する言語ゲームである。丸山も確認しているように、実質的にヘゲモニーを形成してしまう言語ゲームを批判するためには、つまりコロニアリズムを脱しポストコロニアリズムを語るためには、他者の概念を大きく変更しなければならないだろう（丸山恭司 2002: 8）。

ポストコロニアリズムを語りうる他者概念の一つとして、ハイデガー的な存在論が示そうとしている存在概念をあげることができる。この場合の存在＝他者は、「未熟な状態」「無知な状態」「逸脱した状態」といった、解消されるべき状態ではなく、「ここにあること」（Dasein）、つまり人がかけがえのない存在として生きていることそれ自体である。*このようなハイデガー的な存在＝他者の概念は、非政治的なもの（ヘゲモニーから無関係に）に見える言語ゲームに政治的なもの（ヘゲモニー）を見いだす拠点となるだろう。

＊　このように、他者をかけがえのない存在と了解するとき、他者は、ヴィトゲンシュタインが「深く敬意をはらわざるをえないし、生涯にわたり嘲笑しようとは思わない」と述べた倫理学の主題――

「人生の意味、絶対的な善」――を開示する者に近づいていく（Wittgenstein 1965=1976: 394）。ヴィトゲンシュタインは、「ハイデガーが存在と不安について考えていることがよくわかる」といいながら、ハイデガーのいう存在を語ることは「言語の限界をのりこえようとすること」であると考えて、そうすることを断念している（Wittgenstein 1967=1976: 97 訳語を変更した）。

つまり、言語ゲームとしての教育における他者と、ポストコロニアリズムとしての近代教育批判における他者とは、水と油くらいちがう。言語ゲームとしての教育における他者（丸山がいう「集合概念としての他者」）は、漸次的な同化の対象であり、コロニアリズムとしての近代教育を批判するときに語られる他者（丸山がいう「方法概念としての他者」）は、根本的な近代教育批判の根拠である。言語ゲームとしての教育における他者の概念を前提にしているかぎり、現実社会において営まれる教育は、それがどれほど善意にあふれるものであっても、なんらかの支配体制を構築する装置と見なされるだろう。

そうした教育からはなれて、存在である他者の概念にもとづいて、コロニアリズムを批判するだけでなく、ポストコロニアリズムとしての――「教育」という言葉を使うなら――教育を構想できないだろうか。存在者（他人）への教育については、これまで多くの人が論じてきた。近代教育学のかたってきた教育のほとんどは、存在者への教育だったといえるだろう。しかし、当然かもしれないが、存在（他者）への教育は、これまでほとんど語られたことがなかった。近年についていえば、それは、矢野智司（2001）が提唱する教育の概念、すなわち「発達としての教育」から区別されるところの「生成としての教育」くらいではないだろうか。
ともあれ、他者への教育を構想するためには、何をおいても、先にあげた問い、すなわち他者のみならず自分が存在することは、どういうことなのか、他者と自分が存在することは、なぜかけがえのないことなのか、という問いに答えなければならないだろう。

2　アポリアとしての教育

他者性のラディカリズム

他者は、私と同じではないが、私とひとしい存在である。この他者の概念の基本命題にしたがえば、私は、物を所有することはできても、他者を所有することはできない（アイデンティティなるものを所有しようとすることはできても、私を所有することはできない）。もしも、私が他者を物のように所有しつづけるなら、他者はまちがいなく消失してしまう。このように述べても、私たちの日常感覚からそうずれてはいないだろう。

たとえば、私が誰かの姿をじろじろ見ているとき、私はその人を、いわば、物のように所有している。しかし、その人が、私をじろじろ見はじめた瞬間に、私の視線は宙をただよいはじめ、逆に私は、その人に物のように所有されしまう。つまり、他者がたんなる物ではなく存在であるかぎり、他者を物のように所有しつづけることはできない。

同じように、私が他者を傷つけるとき、傷つくのは他者だけでなく私自身でもある。というのも、私の生も他者の生も、他者が私とひとしい存在であるかぎり、ひとしい生だからである。人を他人と思うことで、私たちは生のひとしさを忘れようとしているが、この他人という意味づけを捨てるとき、私たちは、生のひとしさを実感させられる。もっとわかりやすい例をあげるなら、私が愛しているあなたを私が傷つけるとき、傷つくのはあなただけでなく、私自身でもある。この事実を否定する人はいないだろう。「殺すものは殺される。これは、人と人との根源的な関係だ」（竹内敏晴 1999: 17）。

このように考えられるなら、他者にたいする私の一方的な行為というのは、ありえない。一方的な教え込み、一方的な強要、一方的な命令、一方的な支配、……こうした一方的な行為は、他者にたいしてはありえない。人がそれぞれ自己でありかつ他者であるかぎり、すべての行為が、一方の行為であるとともに、他方の行為でもあるからである。つまり、他者は、支配（ヘゲモニー）の企てをすべて疑わせるラディカルな政治概念である。

他者了解のアポリア

しかし、私たちは、一方的な行為を宿命づけられている。すなわち、私たちは、子どもであれ、恋人であれ、友人であれ、他者を支配するという企てから、完全に自由になることができない。他者と親密な関係を築くことで、この桎梏から解放されるわけではない。恋人の過去にさかのぼって嫉妬することは、その端的な現れであるが、その狂おしい情念を生みだしているのは、外部の内部化という、意識の構造的特性である。

私たちの意識は──「風情」を全体論的に知覚する場合をのぞいて（後述）──つねに外部の内部化という営みから成り立っている。私の意識は、私の外部にあるものを私の内部（つまり意識）に位置づけ、私の意識をつくるという自己塑成的な営みである。外部にあったものは、意識のなかで意味づけられ、意味連関を形成し、外部にあるものを意味づける文脈に転化していく。いいかえるなら、「客体化」「手段化」といわれる営みは、意識の基本的な性能であると同時に、「主体化」「自律化」といわれる営みの存立条件である。

ヘーゲル、ラカンが論じているように、そもそも、自己という意識そのものが、私の外部にあるものを内部化し形象化したものを原型として、形成されたものである。ごく簡単にそのプロセスを述べるなら、まず、私の外部にある他者が視覚的に形象化され、そしてその像（形象）にもとづいて自己という像（形象）がつくられる。つまり、自己像は、他者像のコピーとして、まず成立するのである（たとえば、熊野純彦 2002 を参照）。

ここに、私たちの生の根本的なアポリアがあるといってよいだろう。私たちは、主体化・自律化を指向するかぎり、客体化・物象化を避けられないし、他者の存在（自分の存在）を喪う運命にあるからである。いいかえるなら、私たちは、誰かに主体的・自律的に働きかけているときに、つねにその誰かを物のように所有するという危険をおかしている、と考えられるからである。このディレンマを解決する方法は、どう考えてもありそうにない。

デリダが、他者を他者と知ることはアポリアである、という理由もここにある。他者を他者として知るためには、他者を知ってはならないからである。他者を知ることは、他者を私の視界の一現象にすること、つまり私の所有物にしてしまうこと、ようするに、理解不可能な存在を理解可能な存在者にしてしまうことだからである(Derrida 1987)。このように、視界内現象となってしまった人は、「他者」ではなく「他人」というべきだろう。

アポリアとしての教育

他者の理解不可能性を前提にするかぎり、クラスの一人ひとりの子どもを大事にしようとしている教育熱心な教師は、じつのところ、他者承認を放棄している、と考えざるをえない。彼(女)らは、教育的であるために、すなわち、子どもを「児童」と見なそうとも、「個人」と見なそうとも、子どもを何かとして見なすかぎりおいて、代替不可能な他者存在である子どもを代替可能な存在者に還元してしまっているからである。いいかえるなら、教師が「子どもがいる」ことを「子どもである」ことに還元しているからである。*

＊　木田元によれば、日本語の「〜がいる(ある)」と「〜である」が、それぞれ、中世スコラ哲学の「事実存在」(existencia)と「本質存在」(essentia)に相当する。プラトン以来、本質存在は事実存在よりも優位に立っていた。この関係の逆転を企てたのが実存哲学である。ただし、ハイデガーのいう

Daseinは、事実存在ではなく、事実存在／本質存在という区別の前提である。それはさまざまな出来・生成としての「ピュシス」である（木田元 1993: 158, 171, 173）。

子どもを代替可能な存在者に還元しないためには、どうすればよいだろうか。子どもにかかわらなければいい、といわれるかもしれない。なるほど、そうかもしれない。しかし、子どもにかかわらないことは、子どもの代替不可能性を了解することではなく、無視することにもなるだろう。子どもの代替不可能性を了解するためには、子どもにかかわらなければならない。しかし、子どもとかかわれば、どうしても、子どもの代替不可能性を代替可能性に還元してしまう。子どもを承認することは、まさにアポリアである。

デリダを援用しながら新しい教育の概念――「正義の教育」（just education）――を構築しようとしているビエスタは、「教育――もしそう呼んでよければ――は、他者の個体性（singularity of the others）を経験することである」と述べている（Biesta 1998b: 408）。ビエスタにとって、彼のいう「正義の教育」を行う者は、デリダのいう「不可能なものの経験」（expérience de l'impossible）、すなわち子どもは理解不可能であるという経験をする。それは、予測を超えた子どもをまえにしてどうすればいいのかわからない逡巡・躊躇にみちた体験である。子どもにたいしてどうすればいいかわかるような教育は、陳腐なルールへの従属にすぎない。それは、結局のところ、個々の子どもの存在を承認することではなく、子どもを存在者として見ることである。*

* 同じような議論をエドグースが行っている。彼によれば、教育における正義は、定型的な行為や

プログラムによって達成されるものではない。それは、教育が速やかに進行しない、子どもがうまく理解しないといったトラブルに含まれている、と(Edgoose 2001)。

つまり、デリダ＝ビエスタによれば、存在である他者への教育は、何がおこるかわからないような営みであり、かかわる者がたえずためらいをおぼえるような営みである。それは、「私の教育の理想」を嬉々として口にする者がおこなう教授行為ではけっしてない。ためらいを覚えながらの営みは、しかし「どうせ何をいっても、子どもを思いどおりにはできない」と投げやりになることではない。ためらいを覚えながら教えることは、意表をつく子どもの応対を愉しみながら子どもにかかわっていくことである。

しかし、「正義」を求めるビエスタの議論は、存在である他者への教育を、教育方法の範疇に限定して語っているように見える。教師に「倫理的な態度」を求める丸山の議論にも、そうした傾向が見うけられる。「[教師は]語ることによっては伝わらないということを了解しながらも、さまざまに語ることによって示し続けるしかないのである」(丸山恭司 2001: 49)。たしかに、子どもが自分の想いどおりにならないことを深く悩んでいる教師は、「正義」や「倫理的な態度」によって、いくらか楽になれるだろう。

しかし、思いどおりにならない子どもたちのなかでも近代教育に違和感を感じている子どもに教師がかかわるためには、教師としての心がまえのみならず、近代教育を超えるものが必要だろう。彼(女)らが求めているのは、近代教育という権力的な言語ゲームへの嫌悪感、つきつめていえば、近代の時間的な上昇のベクトルへの自分の嫌悪感を説明してくれる知だからである。それは、おそらく、私たちのなかに巣くっている近代的な人間観・世界観、すなわちハイデガー＝デリダが「存在神学」とよぶものを脱構築する思考である。

3　存在神学の脱構築

時間的な上昇と恩寵的な上昇

存在神学は、偶有的で刹那的なこの世を超えた、絶対的なルールを想定する思考形態であり、また、この絶対的なルールを、この世のすべてに一定の秩序をあたえる理想・規範・法則の源泉と考える言説である。端的な例をあげるなら、プラトンのイデア／エネルゲイアという区別、キリスト教の神／人という区別、スコラ哲学の本質存在／事実存在という区別に依拠する形而上学である。こうした形而上学が歴史的に構築されたものであること、必要なら無視できることを示すことが、存在神学の脱構築である。*

＊　ちなみに、ルーマンは、自分のシステム理論は、さまざまな知（観察）の観察であり、デリダの「脱構築も観察の観察である」と考えている。端的にいえば、自分のシステム理論は「脱構築を再構築したものである」と（Luhmann 1993: 770）。

コロニアリズムとしての近代教育は、こうした存在神学に裏打ちされている、といってよいだろう。近代教育は、発達／未熟、進歩／停滞、文明／野蛮という区別にもとづいて、発達・進歩・文明化をよいものと見なしてきたからである。発達・進歩・文明化は、現在の未熟な子どもから将来の成熟した大人へ、貧しく苦しい現実社会から豊かで明るい未来社会へ、という時間的な上昇を前提にしている。ルソー、コンドルセ、ミルが唱えた「完成可能性」(perfectabilité/perfectability) という概念は、こうした時間的な上昇を意味していた。

　このように近代教育がはらんでいる時間的な上昇という命題は、キリスト教がよいものと見なしてきた「浄化」や「回心」の前提命題に、かなり似ている。というのも、「浄化」も「回心」も、地上の罪ぶかい自分から天上の清浄な自分へ、汚濁と痛苦にまみれた現世から浄福で完全な来世へ、という恩寵的な上昇を前提にしているからである。「発達」「進歩」「文明化」が、時間的で傾斜的な上昇のベクトルであるとするなら、「浄化」「回心」は、瞬間的で垂直的な上昇のベクトルであるといえるだろう（古東哲明 2002 を参照）。

　ハイデガー＝デリダによれば、存在神学は自分・他者の存在の顕現を妨げるものである。デリダは、「人間の終焉」(les fins de l'homme) という論文のなかで、ハイデガーの「ヒューマニズム」論に言及しながら、次のように述べている。「おそらく、現在、土台がゆらいでいるものは、身近なものの安泰、人間という名称と存在という名称との相互帰属性、相互保有性 (co-propriété) ではないだろうか。[*]……それは、形而上学の歴史にそくして書きつけられ、そして忘れられてしまったのではないだろうか。そして、いまそれは、存在神学の破壊によって蘇りつつあるのではないだろうか」

(Derrida 1972: 61)。

＊　デリダにとって、「人間」という言葉は存在者を意味し、それは「存在」という言葉と背反的な関係にあるが、存在者がいないところに存在はなく、存在のないところに存在者はいない、といういみで、それらは「相互帰属性」「相互保有性」の関係にある(Derrida 1972: 61)。

さて、いまかりにデリダの予想どおり、近代教育の脱構築によって存在神学を、部分的にでもあれ、相対化することができた、としよう。たとえば、近代教育は、つぎからつぎに「人生の課題」なるものを設定することで、肝心な人生そのものを考え味わう時間を奪ってきた、というふうに。あるいは、近代教育は、つぎからつぎに「将来の夢」をつくらせることで、肝心ないま・ここを愉しむ余裕を失わせてきた、というふうに。あるいはまた、近代教育は、結果的にテクノロジーによる自然操作を正当化することで、人間が自然そのものに生かされているという基本的な現実を隠蔽してきた、というふうに。＊

＊　大森荘蔵は、「現在ただいまの経験とは、……自分が生きている生のさなかの経験として、たんなる時間順序の棒である時間軸などとはまったくかけ離れた生き生きとした経験なのである」と述べている。彼にとって、「この生命に溢れた経験を死んだような時間軸上に無理に乗せよう」とすることは、「生命的現在の殺害」である(大森荘蔵 1996: 87)。

しかし、こうした存在神学の相対化によって、やっかいな情況が生じるように見える。というのも、ニーチェが予告したように、そこにはニヒリズムが蔓延するからである。それは、自分の生きる意味、世界の存続する意味がなくなることである。最悪の場合、それは、「生きる目的が喪われていることを承認しようとしないこと、……その代用品を用意することでその承認を回避することが広がることである（HG 1975, Bd. 65: 139）。いいかえるなら、最悪のニヒリズムは、超越性を自称し「生きる意味」を捏造する末梢的なドグマが繁茂することである。

ニヒリズムの問題

人の生きる目的が喪われるのは、しかし、見方をかえていえば、存在神学に彩られてきたこれまでの生活形態・社会秩序によって隠蔽されていた現実、すなわち自他の存在（偶有的・刹那的な共在）という現実が露わになった、と考えることもできる。すなわち、存在すること＝生きることそれ自体が目的であると考えるなら、ニヒリズムは、人が存在することそれ自体を感受する道の途上にあることを暗示している、と考えられる。

こう考えるなら、ニヒリズムに恐れおののき、「道徳教育」「職業教育」というかたちで、存在神学に彩られた、これまでの生活形態・社会秩序の重要性をあわてて強調することは、せっかく現れた自分・他者の存在をふたたび隠蔽することになるだろう。それらは、結局のところ、新しい意匠の存在神学をもちだすことにすぎないからである。

とはいったものの、存在神学に回帰しないかぎり、ニヒリズムから脱出することは、おそらくできないだろう。絶対的な目的・根拠を喪い、すがりつくものを求め、ためらいがちに生きることは、存在神学を失った者の宿命であるように思われる。しかし、絶対的な目的・根拠を喪い、すがりつくものを求め、ためらいがちに生きることは、けっして捨てばちになることでもなければ、投げやりになることでもないはずである。

いいかえるなら、存在神学に回帰せずにニヒリズムを否定的なものから肯定的なものに反転させることが、おそらくできるだろう。それは、存在神学にかわる別の存在論を展開することである。あったはずのものがないと思うから、代用品を本物ととりちがえるのである。それなら、代用品が要らなくなるように、存在神学にかわる別の存在論を展開すればよい。その候補は、ハイデガー、レヴィナス、デリダなど、いくらでもある。*

＊ハイデガーをめぐるレヴィナスの理解と、それにたいするデリダの批判、そしてそれにたいするレヴィナスの再省察については、古東哲明（1992）、熊野純彦（1999: 167ff）を参照。

4　存在を感受する道

偶有的・刹那的な共在

古東哲明の明快なハイデガー論を参照しつつ述べるなら、存在神学にかわる別の存在論の第一の命題は、私が存在しあなたが存在することは、何の必然性もない偶有的な出来事である、という命題である。ハイデガーにとって、存在はすべて根拠をもたない（古東哲明 2002: 184）。それは私やあなただけではない。何かの道具・手段・利便としてではなく森羅万象がただ在るということは、何の必然性もない偶有的な出来事、すなわちエルアイグニス(Ereignis)であり、仏教用語をあてるなら「出来」(しゅったい)である。

ちなみに、ルーマンが、「時間化された複合性をはらんでいるシステムは（その諸要素の）絶え間ない崩壊に依拠している」というとき、その「要素」は、ルーマン自身が述べているように、エルアイグニスである。そして、ルーマンがマッキーバーを引用して、エルアイグニスは「全体から分離されているのではなく、全体のなかにある」というとき、その「全体」は「システム」である(Luhmann 1988: 78)。* つまり、ルーマンにとって、自分(他者)、社会といったシステムは、たんに機能によって秩序づけられているのではなく、自分(他者)、社会を構成する諸要素をたえず創りだすことによって（そしてたえず喪うことによって）存立している。

＊ 訳書の『社会システム理論』では、この箇所が「全体からではなく、全体のなかで分離している」(Luhmann 1988=1993: 75)と訳されているが、まちがいではないだろうか。

存在神学にかわる存在論に必要な第二の命題は、偶有的な存在は刹那的である、という命題である。* ハイデガーの存在論においては、時間は流れる（持続する）ものではない。彼の存在論においては、今がうつるだけである(古東哲明 2002: 173, 186)。「存在者は、現れ出ることと立ち去ることとのうちの刹那に宿るだけである」(HG 1975, Bd.5: 350)。今は、時間にすれば一分かもしれないし、一〇年かもしれないが、時間の長さは問題ではない。他者がいなくなる、自分が変わる、生まれたものが死ぬ――ようするにパンタレイ(ヘラクレイトス)、万物が生成する経験、消滅する経験が、今がうつることである。今は、絶対的な刹那性（一回性）であり、けっして代替可能なものではない。したがって、今と一体である偶有的な存在も、絶対的な刹那性であり、けっして代替可能ではない。

＊　刹那は、仏教用語で「一つの意識が生じる時間」を意味し、刹那主義は、一時的な快楽を追い求めるという考え方ではなく、出来の刹那という瞬間を生きることに全力をつくすという考え方である。刹那主義を忘れさせるものは、記憶と書記だろう。ルーマンは「社会システムのすべての構造は、消滅する出来、つまり消失する行為や死滅する言葉という根本的な事実に支えられていなければならない。記憶そして言説は、何かを持続させるという機能をもっているといういみで、出来ではない。それは社会システムの構造を創出する力である」と述べている（Luhmann 1990: 9）。つまり、社会システムの構造は、出来――出来と言説とのずれ――を隠蔽していくのである。この「社会システム」を「人の意識」とおきかえても、問題はないだろう。

たとえば、生まれたばかりの子どもや幼い子どもにとって、自分の親は、たまたま親になった人ではあっても、同時に代替不可能な（かけがえのない）存在である。機能システム、とりわけ情報メディア・資本主義・主権国家にかかわって生活している親は、偶有的・刹那的に存在していることをしばしば忘れているが、子どもは、ただ偶有的・刹那的に存在している。子どもが親を失うことをもっとも恐れるのは、子どもが「親はとりかえられる」とけっして考えないからである。だからこそ、幼い子どもを捨てる親はいるが、親を捨てる幼い子どもはいない。子どもが親からはなれることを恐れるのは、たんに幼い子どもに体力・財力がないからではない。

存在神学にかかわる別の存在論に必要な第三の命題は、いま述べたような偶有的で刹那的な人はつねに共在(coesse/Mitsein)である、という命題である(古東哲明 2002: 100)。レヴィナスは、ハイデガーの存在論には他者論が含まれていないと批判しているが(Levinas 1995=2001: 160)、ハイデガーの存在論における存在は、Sorge（気遣い）という用語に象徴されるように、つねに他者とともにある(HG 1975, Bd. 26: 270)。たとえば、私たちが誰かを好んだり、嫌ったり、誰かと連帯したり、敵対したりできるのは、私たちがその誰かと、とにもかくにも、ともに存在しているからである。愛憎にみちた実際の人間関係は、人びとの偶有的な共在を前提にして、はじめて成り立つものである。

〈こと〉的な世界にねざす個体

ところで、存在神学にかわるような存在論は、今見てきたようなハイデガーの思想のなかだけに見いだせるものでない。それは、日本古来の思想、たとえば、日本語の古典的な文法のなかにも見いだすことができる(豊田国夫 1990; 岩谷宏 1982; 池上嘉彦 1992)。

事象についていえば、日本語の主語は、西欧近代語の主語とちがって、述語にたいして文法的な支配力をもっていない。西欧近代語の主語は、述語にたいして文法的な支配力をもっている。つまり、西欧近代語の述語は、主語に従属する〈もの〉である。しかし、日本語の主語は、それにつづく述語にたいして、いわば、世界の指示という働きをしている。つまり、日本語の主語は、〈こと〉を指示するだけである(池上嘉彦 1992: 298, 309)。

主語が人であっても、やはり日本語の主語は、〈こと〉を指示する傾向がある。たとえば、英語で I have a headache. というときの主語である I は、a headache という客体から区別された主体である。つまり、I は a headache を文法的に支配している。これにたいして、日本語で「ぼくは頭が痛い」という場合の主語である「ぼく」は、「頭が痛い」という〈こと〉の起こる世界であり、この〈こと〉と不可分である。

日本語の場合、述語もまた〈こと〉を指示することがある。たとえば、英語で I am a boy. というときの述語 a boy は、前に不定冠詞の a がついているように、〈もの〉――数えられる物、いいかえるなら、ある／ないという区別が成り立つ物――を指示する詞である。これにたいして、「ぼくは少年だ」というときの述語である「少年」は、〈こと〉を指示する詞である。「『少年』は、『少年というもの』を指示しているのではなく、『少年ということ』を指示しているのである。ゆえに、主語が複数になっても『少年』でよい」(岩谷宏 1982: 13)。つまり、「ぼくたちは少年たちだ」という必要がない。

このような〈こと〉は、偶有的な事象であると考えてよいだろう。日本の伝統的な文化においては、〈こと〉を支配し制御する主体、たとえば、自律的個人や唯一神が前提にされてこなかったからである。〈こと〉は、アクチュアルなものとしてただおのずから生成すると考えてよいだろう。

このような〈こと〉の偶有性は、伝統的な日本の時間の概念と密接に関係している。岩谷宏が述べているように、「時がながれる」という時間の表現は、日本の古語にはなかった。「時がながれる」という表現は、英語の Time passes by にあたる表現であり、近代的な用法である。日本の古語にある時間の表現は、「時うつる」（「時ふる」）である。「時うつる」と「時がながれる」とのあいだには、大きな違いがある。簡単にいえば、「時うつる」の主語（「時」）は、直線（線分）的な時間ではなく、永遠に断続する「現在（刹那）」だったからである（岩谷宏 1982: 154ff）。*

＊ 大森荘蔵は、「時間が流れる」という「錯誤」が形成されるのは、現在のみが帰属する「運動」と「時間軸上の運動」とを混同するからである、つまり「経験内容の変化」という現在の認識と「時間軸上の運動」とを混同することからである、と述べている（大森荘蔵 1996: 92-3）。

「うつる現在」は、その時々の現在の内部に過去・現在・未来をはらんでいる。私の内部に、現在の過去があり、現在の現在があり、現在の未来がある。これにたいして、「ながれる時間」は、すべてを利用し操作しようとする自律的な個人（主体）によって、私の外部に、構築された線分的な時間である。それは、人・物を否応なく乗せて運びさる巨大なベルトコンベアのようなものである。つまり、「うつる現在」は、あくまで一人ひとりの意識の状態であり、それは、記憶・言説という係留点をもつにしても、基本的に、つぎつぎに場面転換していく〈こと〉（情況）と一体である（岩谷宏 1982: 154ff）。

こうした偶有的で刹那的な〈こと〉的な世界に埋め込まれている人は、完全に自律することができない。人が完全に自律するためには、〈こと〉的な世界から離脱し、〈もの〉的な世界に入らなければならない。人は、〈こと〉的な世界に生きているかぎり、具体的な他者に浸食されている。いいかえるなら、具体的な他者とともに存在している。離婚しても、絶交しても、隠遁しても、私たちは、他者から逃れることはできない。岩谷宏が述べているように、日本語の世界においては、「〈純粋な自己〉は存在しない。さまざまな具体的な他己に、具体的に侵された、具体的に不純な自己があるだけ」である(岩谷宏 1982: 239)。つまり、不純ではない自己は、虚構である。

したがって、こうした偶有的で刹那的な〈こと〉的な世界に埋め込まれている私たちはすべて、代替不可能な個体である。私たちが刹那的に感じとっている偶有的な〈こと〉的な世界に内属しているかぎり、社会的な事物も自然的な事物も、すべて代替不可能である。〈こと〉的な世界は、いわば、一回性の、具体的な、からまりあった世界だからである。つまり、私たちは、いま・ここの具体的な情況に埋め込まれているからこそ、すなわち他者と共在するからこそ、個体的に存在するのである。

悲劇性の感受

自分、他者、つまるところ世界が〈こと〉であるかぎり、哀しさ・寂しさは否定的なものではなくなるだろう。哀しさ・寂しさを否定することは、自分の個体性(代替不可能性)を可能にしている〈こと〉を排除し、世界を——無というよりも——非在に帰すことだからである。つまり、自分も他者も〈こと〉であると了解するかぎり、哀しさ・寂しさは、否定性として排除されるのではなく、いくらか、肯定性として受容されるはずである。

自分も他者も〈こと〉であると充分に感受されるなら、「悲喜劇」(tragicomedy)という言葉があるように、悲劇は喜劇に近づくだろう。というよりも、悲劇と喜劇との区別がつきにくくなるだろう。たとえば、一六世紀の日本に、「憂き世」を「浮き世」ととらえなおす思想が生まれたように。悲劇と喜劇との区別がつきにくくなり、憂き世が完全に浮き世になってしまうなら、定期的な健康診断も、生命保険の証書も、いらなくなるかもしれない。

むろん、私たちは、〈こと〉的な世界を否定したり忘れたりする〈もの〉的な世界から逃れることができない。先にのべたように、私たちの意識は、自律化（主体化）をめざし、手段化（客体化）をおこない、他者を他人に還元していくからである。生態系の破壊、生命系の操作、機能システムへの依存、イデオロギー闘争などが可能になるのは、つきつめていえば、自分を自律化し、他のものを手段化するという私たちの意識の構造があるからである。

にもかかわらず（というべきか、だからこそ、というべきか）、〈こと〉的な世界を知っていることは大事である。〈もの〉が〈こと〉を前提にして成り立っているからである。いいかえるなら、全体的な文脈のないところには、いかなる言葉の意味も成り立たないからである。機能的な言い方をするなら、〈こと〉的な世界の基底性を知ってたら、勉強ができない、スポーツができない、もてないというだけで、自暴自棄に陥ることもなくなるだろうからである。あるいは、〈こと〉的な世界の基底性を知っていれば、ひょっとすると、会社が倒産した、リストラされた、不祥事をおこしたというだけで、電車に飛びこむこともなくなるかもしれない。

つまり、現代社会の趨勢にしたがって機能的に考えても、硬直した機能システムのせいでままならない人生をそれなりに愉しむための必要条件は、非存在神学的なハイデガー的な存在、〈こと〉的な世界という生の現実を知っていることである。いいかえるなら、存在の承認を求めるだれかの声に応えようとすることは、見返りを求めない純粋贈与の営みであるが、この純粋贈与の営みを行うためには、ハイデガー的な存在（〈こと〉的な世界）の有用性を考え、利用しなければならない。

5 声に応えるために

教育サーヴィス論争を離れて

現代社会は、ハイデガー的な存在（〈こと〉的な存在）どころか、存在神学的な存在（〈もの〉的な存在）に満ちているように見える。現代社会には、対立し抗争する無数の自律性があふれているからである。多くの個人、多くの集団、多くの組織が、それぞれに自律性を誇っているからである。このような自律性の乱立は、何のための自律性なのかという問いを脇においやり、自律性（自分の主張）を絶対化し硬直させている（Bauman 1991, 1993）。

たとえば、今、「教育の市場化」を憂う人もいれば、「教育の自由化」を叫ぶ人もいる。教育の市場化を憂う人にとっては、教育はサーヴィス（市場のメカニズムに依存する商品）であってはならないが、教育の自由化を叫ぶ人にとっては、教育はサーヴィスでなければならない。教育はサーヴィスであってはならないという人にとっては、サーヴィスとしての教育は公共性をそこなうものであるが、教育はサーヴィスでなければならないという人にとっては、サーヴィスとしての教育は公共性をつちかうものである。

この論争の行方はともかく、彼らのいう教育サーヴィスは、だれのどのようなニーズに応えるものだろうか。この問いに答えないまま、教育サーヴィス論をたたかわせることは、結局のところ、偶然的・刹那的な共在を無視してきた旧来の教育を容認することにつながるだろう。子どもが道草を食ってなかなか家に帰ってこないように、子どもは、見聞きするあらゆることに今・ここの愉しみを見いだすが、ほとんどの教科教育・学校行事は、今・ここの愉しみのためではなく、将来の私・社会のためにある。将来の私・社会のために今・ここの愉しみを無視することが、近代教育の根本規範である。この根本規範の廃絶ではないにしても、その相対化を求めている子どもが、すくなからずいるのではないだろうか。

声に応えること

「将来の私・社会のために今・ここの愉しみを無視して、どうしていけないのですか?」――こう反問する人もいるかもしれない。幼いときから大人になるまで、将来のための先行投資・備蓄を嬉々として受け入れつづける人がいるとは考えにくいが、かりにいるとするなら、彼(女)らは、教育にいわゆる「教育的関係」をふくむ教育方法以外の問題があるとは感じないだろう。彼(女)らにとって大事なことは、いかに効率的・効果的に将来のために投資・備蓄するか、だからである。当然のことながら、彼(女)らは、他者への教育など必要としていない。

しかし、幼いときから大人になるまで、将来のためにいま・ここの愉しみを無視し、先行投資・備蓄することに違和感をおぼえつづけた人は、教育には教育方法以外の重大な問題が含まれていると感じるだろう。彼(女)らにとって大事なものは、客体化・手段化——主体化・自律化——から離れて生きてもいいんだ、という思考の正しさだからである。中島義道(2000)の表現を借りていえば、彼(女)らにとって大事なことは「人生を半分降りること」だからである。教育方法の彼方にある他者への教育を必要としているのは、彼(女)らである。

自分・他者が存在していることがまったく偶有的な出来であると了解すること、自分・他者が存在していることがまったく刹那的な出来であると了解すること、自分の存在が自分にかかわる他者とともに生きること以外の何ものでもないと了解すること——こうした了解を切実に求めている人の声に応えるために、存在神学の脱構築としての、他者への教育を提唱したい。それは、優しく微笑んで「あなたにはこんな能力が欠如しています」といって、ひそかに相手にニーズを強要することではなく、あくまで存在承認という相手のニーズを提供することである。それがサーヴィス(商品)であるかないかなど、どうでもいいことである。そもそも、他者への教育は、情報からも市場からも国家からも離れた、それぞれの散逸的な自己生成にひとしいのだから。

言語ゲーム論における他者——それは、偶有的・刹那的な共在を含意していない。ポストコロニアリズムは、抽象的にいうなら、むろん新しい言語ゲームであるが、それがコロニアリズムを脱構築する言語ゲームであろうとするなら、それは、「存在神学的ではない」ことを根本ルールとした言語ゲームでなければならない。本質的（抽象的）にではなく実質的（政治的）にものごとを考えていくことは、教育のアクチュアリティを知るための必須条件である。

〈文献表〉

池上嘉彦　1992『詩学と文化記号論』講談社。
岩谷宏　1982『にっぽん再鎖国論――ぼくらに英語はわからない』ロッキングオン社。
大森荘蔵　1996『時は流れず』青土社。
木田元　1993『ハイデガーの思想』岩波書店。
熊野純彦　1999『レヴィナス――移ろいゆくものへの視線』岩波書店。
熊野純彦　2002『ヘーゲル――〈他なるもの〉をめぐる思考』筑摩書房。
古東哲明　1992『〈在る〉ことの不思議』勁草書房。
古東哲明　2002『ハイデガー＝存在神秘の哲学』講談社。
高橋哲哉　1998『デリダ――脱構築』講談社。
竹内敏晴　1999『教師のためのからだとことば考』筑摩書房。
時枝誠記　1941『国語学原論』岩波書店。
豊田国夫　1990『日本人の言霊思想』講談社。
中島義道　2000『人生を〈半分〉降りる――哲学的な生き方のすすめ』新潮社。
丸山恭司　2000「教育において〈他者〉とは何か」『教育学研究』67(1): 111–119.
丸山恭司　2001「教育・他者・超越」『教育哲学研究』84: 38–53.

丸山恭司　2002　「教育という悲劇、教育における他者」『近代教育フォーラム』11: 1-12.
矢野智司　2000　『自己変容という物語――生成・贈与・教育』金子書房。

*

Bauman, Zygmunt　1991　*Modernity and Ambivalence*. London: Polity Press.

Bauman, Zygmunt　1993　*Postmodern Ethics*. Oxford: Blackwell.

Biesta, Gert J. J.　1998a　"Say You Want a Revolution.... : Suggestions for the Impossible Future of Critical Pedagogy," *Educational Theory* 48(4): 499-510.

Biesta, Gert J. J.　1998b　"Deconstruction, Justice, and the Question of Education," *Zeitschrift für Erziehungwissenschaft* 1: 395-411.

Burbules, Nicholas and Berk, Rupert　1999　"Critical Thinking and Critical Pedagogy: Relations, Differences, and Limits," T. S. Popkewitz and L. Fendler, eds., *Critical Theories in Education*. New York: Routledge.

Derrida, Jacques　1972　*Marges de la philosophie*. Paris: Éditions de Minuit.

Derrida, Jacques　1987　"Lettre à un ami japonaisé," *Psyche: Invention de l'autre*. Paris: Éditions Galilée.

Derrida, Jacques　1992　*Donner la mort*. Paris: Éditions Galilée.

Derrida, Jacques　1994　*Force de loi: La* 〈*Fondement mystique de l'aautoritê*〉. Paris: Éditions Galilée.

Derrida, Jacques　1996　"Remarks on Deconstruction and Pragmatism," Chantal Mouffe, ed., *Deconstruction and Pragmatism*. London: Routledge.

Edgoose, Julian　2001　"Just Decide !: Derrida and the Ethical Aporia of Education," Gert J. J. Biesta and Denise Egea-Kuehne, eds., *Derrida and Education*. London: Routledge.

Galgut, Damon　1995　*The Quarry*. London: The Penguin Group.

Heidegger, Martin　1950　"Die Zeit des Weltbildes", *Holzwege*. Frankfurt am Main: Klostermann.

HG　1975　*Martin Heidegger Gesamtausgabe*. Frankfurt am Main: Klostermann.

Hänsel, Marion　1998　"The Quarry: Director's Statement," in Kako Takashi, *The Quarry: Original Soundtrack from the Motion Picture*. Sony Music Entertainment.

Levinas, Emmanuel　1995　*Alterité et Transcendance*. Paris: Éditions Fata Morgana. = 2001　合田正人・松丸和弘訳『他性と超越』法政大学出版局。

Luhmann, Niklas　1988　*Soziale Systeme: Grundriß einer allgemeinen Theorie*. 3 Aufl. Frankfurt am Main: Suhrkamp.

Luhmann, Niklas　1990　*Essays on Self-Reference*. New York: Columbia University Press.

Luhmann, Niklas　1993　"Deconstruction as Second-Order Observing," *New Literacy History* 24: 763-82.

Wittgenstein, Ludwig　1965　"Lecture on Ethics," *Philosophical Review*, 74. = 1976「倫理学講話」『ヴィトゲンシュタイン全集』5 大修館書店。

Wittgenstein, Ludwig　1967　*Ludwig Wittgebstein und der Wiener Kreis*. London: Basil Blackwell. = 1976「ヴィトゲンシュタインとウィーン学団」『ヴィトゲンシュタイン全集』5 大修館書店。

第6章　存在を感受する
——悲劇の感覚、驚異の感覚

Feeling "Dasein": Sense of Tragedy/Sense of Wonder

abstract　すごいと思うこと、不思議に思うこと（驚異）に夢中になることは、愉しいことである。しかし、驚異に近づくことを妨げているものがある。それは、これまで行われてきた「発達としての教育」である。それは、事象の因果性、時間の線分性、個人の自律性をルールとした近代的なゲーム（≠言語ゲーム）である。この近代的なゲームとしての教育は、深刻な矛盾をはらんでいる。それは、教育目的がけっして達成できないことであり、それは「教育の悲劇性」と呼ばれている。この教育の悲劇性を「悲劇の感覚」によって耐えしのぶこともできるが、教育の概念を根本的に変えることによって、教育の悲劇性を解消するという方法もある。それは、生の悲劇性を偶有的・刹那的な共在として了解し、他者の個体性を承認し、関係の冗長性を保全しながら、子どもそれぞれの「すごい！」という「驚異の感覚」に根ざした学びを生みだすことである。このとき、教師は、子どもと学問・情報・技能とを結びつけるコーディネーターという役割に徹することになるだろう。

1―ゲームぎらいの子ども

ゲームぎらい

信じられないかもしれないが、「ゲーム」と呼ばれるものが大きらいな子どもがいる。* 彼(女)らにその理由を聞いても、なかなか要領をえない。自分でもゲームがきらいな理由がうまく説明できないのだろう。だからといって、彼(女)らが、いつもつまらなそうにしているのかといえば、けっしてそうではない。授業のときでも、本を読んでいるときでも、旅行をしているときでも、彼(女)らの眼は、いつもというわけではないが、輝いているように見える。しかし、テレビゲーム、トランプ、将棋、囲碁、スポーツなど、いわゆる「ゲーム」となると、とたんに彼(女)らはつまらなそうになるのである。

＊　わざわざ「ゲーム」というふうに括弧をつけたのは、ここでいう「ゲーム」がgame、jeuではなく、定型的で規則のある遊びであることを示すためである。英語でgame、フランス語でjeuというと、遊びという意味もあるが、「真剣勝負」という意味ももつからである。たとえば、英語でIt was a big game. というと、「大変な仕事だった」という意味になる。

大人のなかにも、ゲームのきらいな人がいる。彼(女)らにその理由を聞くと、それなりの答えが返ってくる。ゲームに夢中になる時間が惜しいという人もいれば、たかがゲームに熱くなる自分がいやだという人もいる。彼(女)らにとっては、遊びにすぎないゲームよりも生産的・理性的な実生活が大事なのである。しかし、こういう大人たちが、ゲームではない実生活を愉しんでいるかといえば、そうでもないように見える。彼(女)らの服装のセンスは悪く、眉間のしわは深く、説教の時間は長いからである。

おそらく、大人のゲームぎらいの理由から子どものゲームぎらいの理由を推しはかることはまちがいだろう。両者の間には決定的な違いがあるからである。それは、ゲームぎらいの子どもは実生活に驚きを見つけて愉しんでいるが、ゲームぎらいの大人は実生活の驚きを看過しているからである。実生活に驚き、いいかえれば、「すごい！」(wonder [ful]：)と思うものを見つけて、それについてもっと知りたいと思うとき、いわゆる「ゲーム」の目的――解き方・勝ち方(攻略法)――など、どうでもいいことに見えるはずである。

もしも、実生活が驚きを呼びさますものなら、その驚きに近づくことは、愉しくてしかたがないだろう。冒険家や本当の研究者が謎・驚異・不思議に惹きつけられるように、驚きは人を夢中にさせるからである。そのいみでは、実生活の驚きに夢中になっている子どもたちは、実生活でゲームをしているのだ、といえるかもしれない。そうだとすれば、彼(女)らにとって、実生活というゲームのなかでいわゆる「ゲーム」をすることなど、まったく無意味なことに思えるはずである。彼(女)らにとって、いわゆる「ゲーム」がつまらない理由は、このあたりにあるのかもしれない。

学校教育というゲーム

ここで、これまでの学校教育もゲームのようなものだったといえば、怪訝に思われるだろう。学校のなかでは、いわゆる「ゲーム」は否定され、まじめな「勉強」が肯定されてきたからである。たしかに、「マスゲーム」のような教育的なゲームをやらされることはあっても、ゲームセンターにあるようなふつうの「ゲーム」をやらされることはない。

しかし、学校は、そこが近代的なルールに支配された閉じた世界であるといういみでは、「ゲーム」の世界である。学校で、近代的なルールを超えるような生々しいルールが通用することは、まずない。物事には因果律があり、将来は現在の積み重ねであり、人間は自律的であるべきである——こういった近代的なルールは、学校のすべての営みにおいて、基本的な前提である。小学校・中学校に、物事はたまたまそうなっているだけであり、過去も未来も現在のなかにしかないし、人間は他人に迷惑をかけながら生きるものである、という教師がいるだろうか。どこでも・いつでも・だれにでも通用するような確実な知識なんてどこにもない、と真顔で教える教師がいるとは、とても思えない。

たとえば、学校の試験には、事象の因果性、時間の線分性、自己の自律性という近代的なルールがあからさまに出ている。学校の試験には、形式論理的に、将来のために、自分の力で答えるべき、唯一の正答があるからである。様相論理的に考えるべき問題や、唯一の正答のない問題や、答えを教えあってもいい問題を出そうものなら、それこそ大問題になるだろう。そして、そもそも、いま・ここを生きるための試験など、あるはずもない。

また、学校は、そこが模造品（二次性）に満ちた管理世界であるといういみでも、ゲームの世界である。学校には、現実の仕事もなければ、現実の遊びもない。学校にある仕事は、なんのためにやるのかわからないような「課業」(work) であり、学校にある遊びは、発達に役立つとされる「教育的な遊び」である。また、学校知は実践知ではない。たとえば、教科としての「国語」は、生きた日本語ではないし、教科としての「数学」は、学問としての数学ではない。また、学校には、本物の恐怖もなければ、本物の歓喜もない。学校にある恐怖は、発達段階を考慮した抑制のきいた恐怖であり、学校にある歓喜は、どこかうさんくさい歓喜である。

模造品に満ちた管理世界の構築は、近代教育学の基本的なテーゼだったといってよいかもしれない。たとえば、近代教育学の祖といわれるルソーは、その教育論『エミール』のなかで、教師は、「所有」という概念を子どもに教えるために、子どもに他人の所有地にソラ豆を植えさせ、それをつけ、一生懸命に育てさせたうえで、そのソラ豆が他人のものになってしまうという現実を子どもにつきつけ、愕然とさせる（これでは「所有」ではなく「収奪」である）。また、理性の重要性を子どもに教えるために、その子どもが恋心を抱いている女性が死んでしまったかのような情況をでっちあげ、その子どもを絶望の底につきおとす(Rousseau 1969=1962, 上: 191-2)。これらは、ひいき目に見ても、目的の正しさが教育的虚構によって台無しにされているよい事例である。*

＊『エミール』には、こうした子どもを弄ぶような逸話ばかり載っているので、ルソーはサディスト

であると考えた研究者もいた。サディズムの定義をめぐるさまざまな考え方もあるが、さしあたり、ルソーはサディストではないという立場をとる作田啓一（1980: 124ff）の所論を参照。

これまでの学校が近代的なルールに支配されているのも、そして模造品に満ちているのも、もっともな理由があってのことである。学校が、矢野智司がいう「発達としての教育」をおこなう場所だったからである。すなわち、学校が、いま・ここに生きることではなく、未来の目的を立て、その目的の実現のために、いま・ここの生を投資する場所だったからであり、すべて役に立つか立たないかという有用性の規準にもとづいて行動しなければならない場所だったからである（矢野智司 2000）。つけ加えておくなら、その目的として君臨してきた人間形象は、従順な国民主体であり労働主体だった。

柳沢教授の教育論

学校教育がゲームであるとわかっても、それを愉しめるのなら、それでいいだろう。そういう子どもは、よけいな疑問をもたずに、人よりも多く覚え、早く理解することに邁進すればいい。考えたいことは、ゲームである学校教育を愉しめない子どものことである。日本だけでなく西欧諸国にも、そういう子どもが少なからずいるからである。

たとえば、「エニグマ」という音楽ユニットを組織し、ミリオンセラーのCDを何枚も発表している音楽家のクレトウ（Cretue, Michael）は、学校教育を愉しめなかった子どもだった。彼にとっては、人生はとどまることのない変容の連続であり、その変容の連続を妨げるものが学校だった。「心のオデッセイ」という曲のなかで、彼は、「新しいことを教えられる教師なんていない。教師は、私たちがいつでも知っていることをわざわざ思いださせてくれるだけだ」と歌っている（Cretue 1996）。子どものころのクレトウにとって、学校は、彼を惹きつけて放さない驚きからもっとも遠いものしかない場所だったのだろう。

子どもは、本来、クレトウのような存在かもしれない。『天才柳沢教授の生活』というマンガに、「北極星をさがして」という話が載っている（第１３３話）。そこに、小学校二年生の「まもる君」という男の子が登場する。まもる君は、塾も学校も大きらい。つまり、勉強がきらいで、いつもぼーとしている。おとうさんもおかあさんも、そんなまもる君にいらいらしている。しかしある日、柳沢教授の自宅で、たまたま星の本を見ていたまもる君は、必死に考えはじめる。「どうして大熊座は、ずっと小熊座のそばを回ってるのかな」「お母さんなのに、どうして子どものまわりを回ってるのかな」と（山下和美 2000: 145）。

そんなまもる君を見て、柳沢教授は次のような教育論を展開する。「天をあおげば、いかに地球が小さく、われわれが点にもいたらない存在であるかが、わかります。しかしそれは物理的な大きさのことです。人間の脳の中にも本来、無限大の宇宙が広がっているのです。その宇宙をいかに広げるか。それにはまず、何かに興味をもつことです。人間にとってもっとも大事なのは、多く覚えることよりも、早く理解することよりも、まず何かに深く興味を抱き、それを愛することではないでしょうか」（山下和美 2001: 164-5）。

柳沢教授の教育論は、ありきたりな教育論のように見えるかもしれない。字面だけみるなら、彼の教育論は子ども中心主義であり、「子どもの興味関心を大事にしよう」という、じつにありふれた教育学的なスローガンである。それは、二〇世紀初頭にデューイやキルパトリックのようなアメリカの進歩主義教育思想家が主張したことである。

しかし、柳沢教授のいう「興味」は、進歩主義教育思想家のいう「興味関心」とはちがって、「無限大の宇宙」という、社会的機能を超えたものにつながる興味である。その宇宙のなかには、おそらく、世界の見方を変える可能性、近代社会の彼方を知覚する可能性、そして存在論的な現実を了解する可能性も、含まれているはずである。つまり、教育という「ゲーム」がきらいな子どもたちの求める驚異は、ラディカルな自己生成につうじているのである。

2　悲劇の感覚

教育の悲劇性

教育者のほうに眼を転じてみよう。教育システムの内部においては、教育そのものの深刻な矛盾は、ほとんど語られることがないが、教育システムの内部に深刻な矛盾がかけらも見いだせない、というわけではない。どんなに隠そうとしても、深刻な矛盾は、思わぬところから滲み出てしまう。

アメリカの教育哲学者であるバブラスが「教育の悲劇性」(tragedy of education)と呼んでいるものが、それである(Burbules 1990)。

バブラスの定義するところによれば、真に「教育」の名に値する行為は、よりよい社会をめざして人びと（子ども）の思考様式を根本的に変える働きかけである。このような働きかけは、たんに人の意見・理論・理念を変えさせることではない。それは、意見・理論・理念の前提となっているエピステーメを変えることを意味している。人びとの思考様式が変わらなければ、議論をたたかわせてせっかく深めていった社会改革のプランも、無視されてしまうか、忘却されてしまうか、誤解されてしまうか、だからである。

バブラスにとって人の思考は、一定の思考様式を文脈（台座）として成り立っている。たとえていうなら、人の意識に組みこまれている思考様式は、「ウインドウズ」のようなOS(operation system)であり、人の思考は、「ワード」や「一太郎」のようなAP(aplication program)である。つまり、思考様式を別のものに変えなければ、人は、いつもかつも同じような考え方をするだろうし、新しい考え方を受け入れることもできない、と考えている。

しかし、教育――子どもの思考様式の変革は、大きな問題をはらんでいる。第一に思考様式は、自明性をおびた意味世界を含んでいるからである。西欧社会の子どもの場合、それは、たとえば、キリスト教の言説・信念・制度である。したがって、子どもの思考様式を変えることは、彼(女)らから自明性を奪うことである。これは容易なことではない。子どもたちは、みずから培った意味世界をなかなか手放そうとはしないからである。「［思考様式を変革する］プロセスは、子どもたちの内面にすさまじい葛藤と混乱をおこすことになる。かりに思考様式の変革が最善の行為だったとしても、そうすることの正しさを子どもに（私たち自身に）納得させることが、いつでもできるわけではない」（Burbules 1990: 474）。

第二の問題は、こうした教育のプロセスがつねに不完全であり未完成であることである。教師が子どもにかかわる時間は、子どもの人生のなかできわめて短い。その短い時間のなかで教師にできることは、子どもの思考様式をより優れたものに再構築することではなく、せいぜいのところ、子どもの考え方・やり方に文句をつけることである。「［思考様式の変革という］教育のプロセスが終わらないのなら――ふつう終わらないが――子どもたちから彼（女）らのなじんでいるものを奪いながら、代わりとなるものをろくに与えない教育は、最善の行為と果たしていえるだろうか」（Burbules 1990: 474）。

第三の問題は、学校が競争にもとづく利害配分の装置であることである。学校は、人びと（子どもたち）がより多くの利益を求めて抗争する場所であり、稀少な財（資本・地位・名誉）の配分に密接にかかわっている。「私たちを包囲する希少性のルールが、私たちが実行したいと願うような教育改革案を骨抜きにし、多くの場合、その改革案を台無しにしてしまう。私たちは、ある子どもを助けようとすれば、かならず他の子どもを無視したり傷つけるという犠牲を払わなければならない」（Burbules 1990: 475）。

つまり、バブラスによれば、教師は、教育をすればするほど、教育がうまくいかないという現実に気づいていく。いいかえれば、教師は、職務に忠実であればあるほど、子どもが最終目的に到達することがきわめて困難であることに気づいていく。教育は永遠に未完成であり、本来、終わらない営みである。口あたり、耳ざわりのいい教育目的——個人の発達、集団の発達、社会の改善——を達成しようとすれば、どうしようもない矛盾に直面せざるをえない。バブラスは、このような教育の内部矛盾を「教育の悲劇性」と呼んでいる。

教育の悲劇性の受容

しかし、バブラスは、悲劇的である教育を廃絶しようとはしない。「どうせうまくいかないのだから、教育なんて、やめてしまえ」とはいわない。彼は、「教育の悲劇性に直面するなかで、教師はどのような態度で教育をつづけるべきか」という問いをたてる。彼にとって大事なことは、「教育という営みを放棄しないで、教育の成功と失敗を予見し躊躇することに対抗する考え方を示」すことである(Burbules 1990: 469)。

いいかえるなら、バブラスは、新しい教育方法をあれこれ開発することによって、教育の悲劇性という根本的な問題を隠蔽しようとはしない。彼が教育方法のかわりに提案しているのは、教育の悲劇性を正面から受けとめるという態度である。どんなに教育方法が進歩しても、教育の悲劇性はなくならない。したがって、「教育はエベレストに登ることではない。それはシジフォスの苦役に耐えることである」(Burbules 1990: 471)。

バブラスの出した結論は、一見すると、なんとも救いのない結論に見えるだろう。古代ギリシア神話に出てくるシジフォスは、神の怒りを買い、罰として、地獄でたえず転がり落ちる巨大な岩を山頂に押しあげるという、永遠のむなしい苦役を課せられた。この神話をもとに考えるなら、バブラスにとっては、教師は、教育という、むなしくても逃れられない苦役を課せられた人なのである。バブラスは、教育が永遠に未完成な試みであることを理由に、教師に永遠にむなしい努力を迫っているようにも見える。

しかし、このシジフォスの苦役に、教育者は「悲劇の感覚」をもつことによって耐えなさいと、バブラスが暗示するとき、彼の結論は、にわかにヒロイズムの色彩を帯びてくる。「悲劇の感覚をもつことは、……二つの考え方を同時にもつことを意味している。すなわち、懐疑の精神によって私たちの希望を静めることと、よりよいものを求める弛まぬ努力によって自分の猜疑心と闘うこと、これらのどちらか一方の考え方に逃げ込まないことを意味している」(Burbules 1990: 472)。それはつまり、悲劇とどこまでも闘いつづけることである。*

＊　アメリカの教育思想における悲劇の感覚は、プラグマティズムのなかに見いだせる。プラグマティズムにたいする実存主義の批判にたいして、デューイの薫陶を受けた哲学者のフックは、プラグマティズムにこそ悲劇の感覚がみちている、と反論している。なるほど、プラグマティズムには実存主義に見られるようなパトスも苦悶もない。しかし、プラグマティズムには不確実性の生を営みつづけ

る勇気がみちている。「悲劇にたいするプラグマティズムの態度は、ほかのどのような思想の態度よりも勇ましい」と(Hook 1974: 11)。

こうしたバブラスの議論は、ニーチェの唱えた「積極的ニヒリズム」を思い出させるだろう。ニーチェは、一八八六年に、一六年前に著した『悲劇の誕生』に「自己批判の試み」という文章を付した。そのなかで、彼は次のように述べている。「強さのペシミズムといったものは存在しないのだろうか。……恐怖すべきものこそ、敵として、おのれの力を試しうる好個の敵として、「恐怖する」ことの何たるかを……学ぶための敵として、あえて欲する試練者の勇敢さが［あるのではないだろうか］」(Nietzsche 1967- = 1974: 214-5)。ここでニーチェが「強さのペシミズム」と呼ぶものが、「積極的ニヒリズム」である。

ニーチェは、悲劇的なものに耐えつづけることは、その人の強さ・尊さをきわだたせる、といいたいのである。たしかに、ニーチェの描いた哲人ツァラトゥストラは、まったく見返りのないまま、飽くことなく教えを説きつづけることで、自分の高貴な精神を鍛えあげていった。同じように考えれば、教育がどんなにむなしい試みであっても、教師が、そのむなしさに耐えつづけるなら、高貴な精神を示すことができるかもしれない。セルツァーのように、「悲劇の意味を感受することは、悲劇から美しさと真実をひねりだすことである」と表現することも、できるだろう(Selzer 1970: 46)。

ようするに、悲劇の感覚によって、悲劇は悲嘆を超えていく。それは、「運命への愛」——すなわち、悲劇を運命として愛する態度を生みだしていく。『オイディプス王』のようなギリシア悲劇であれ、『リア王』のようなシェイクスピア悲劇であれ、大きな悲劇の結末には、しばしば悲しみと喜びとがとけあう瞬間、悲嘆と歓喜との溶解する瞬間、運命・神意・破滅のなかで生がかがやく瞬間が描かれている。あるべきものとないものとの、あったものとないものとの、この埋めようのない落差は、たしかに耐えがたい悲劇を生みだすけれども、それとともに、いいようのない歓喜を生みだす、と。

たとえば、あの日元気に学校に通っていたわが子が、今はもう生きていない――親にとってこれほどの悲劇はない。日本の看護学を代表する一人である川島みどりは、二三年前の長男（当時二〇歳）の事故死を「いまも受容できていない」と告白している。しかし、川島は同時に、その耐えがたい悲劇ゆえに、「看護婦としては、肉親を喪う痛みを口先ではなく共感できる」といい、「困難は私のハードル」であり、それを「飛び越えた喜びは私のもの」である、と述べている（朝日新聞夕刊 2001. 9/17）。

ペシミズムとユートピアニズムを避ける

しかし、教育の悲劇性をふくむ生の悲劇性を了解し、悲劇の感覚をもちつづけることは、ふつうの人にとって容易なことではない。ペシミズムとユートピアニズムという二つの罠が待ち受けているからである。ペシミズム、ユートピアニズムがどこから生まれるのか、と考えるとき、その由来は、何か新しいことをやろうとする「企て」に見いだせるだろう。何か新しいことをやろうとすると、成功の機会が生まれるが、同時に失敗の予感も生まれる。ごく簡単にいえば、このディレンマから逃れようとして、成功の機会を失うことが、ペシミズムであり、このディレンマから逃れようとして、失敗の予感を忘れることが、ユートピアニズムである。

とはいっても、ペシミズムは、苦しい情況そのものが生みだす態度ではない。ペシミズムは、苦しい情況から距離をとることによって生まれる態度である。たとえば、私が困っている他人を見て、「あら、かわいそう」と憐れむだけで、通りすぎてしまうとすれば、それは、その人の情況から私が距離をとっているからである。同じように、私たちが自分たちの生きている社会を見て、「どうせ、何をしてもむだ」と諦めて、傍観していられるとすれば、それは、この社会の情況から私たちが距離をとっているからである。

つまり、ペシミズムに陥る人は、成功の機会と失敗の予感とのあいだで具体的な情況から距離をとってしまった人である。自分の置かれた情況に参入し、その情況を生きるなら、こうしたペシミズムを避けることができるし、その結果、「あのとき、やっておけばよかった」という悔恨の念、後悔の念から自由になることができるだろう。

同じように、ユートピアニズムも、何か新しいことをやろうとする企てそのものから生まれてくる態度ではない。ユートピアニズムも、情況から距離をとることによって生まれる態度である。たとえば、すばらしい教育によってすばらしい社会を創ることができるという幻想をいだいてしまうのは、近代的な教育信仰に巻きこまれて、教育現実の複雑さ、社会現実の複雑さに気づいていないからである。同じように、先端医療によって生命を操作することができるという幻想をいだいてしまうのは、先端医療の生命操作能力に目がくらみ、医療現場の複雑さ、生命の複雑さに気づいていないからである。

つまり、ユートピアニズムに陥る人も、成功の機会と失敗の予感とのあいだで具体的な情況から距離をとってしまった人である。私たちは、理念やテクノロジーの「がさつさ」をよく知ることによって、ユートピアニズムを避けることができるし、その結果、マルクスが告発した「観念（イデオロギー）の暴力」からも、ハーバーマスが告発した「テクノロジーの暴力」からも、自由になることができるだろう。

3　存在の感受

なぜ生は悲劇的と形容されるのか

さて、今見てきたように、教育の悲劇性が生の悲劇性の一つであるなら、バブラスのいう悲劇の感覚をもつことは、いわゆる「教育方法」を超える教育装置の一つであると考えられる。すなわち、悲劇の感覚は、子どもに必要なものではなく、教師に必要なものであり、思いどおりにならない教育をどうすればやりつづけられるのか、と頭をかかえている教師のための教育装置である。子どもを教え導き、子どもの思考様式を操作するという教育をつづけようとするかぎり、教育の悲劇性はなくならないだろうし、したがって教育方法を超えた教育装置としての悲劇の感覚が必要になるだろう。

しかし、悲劇の感覚を必要としないような教育を構想することもできるのではないだろうか。子どもを教え導き、子どもの思考様式を操作する教育を前提にするから、教育方法が必要になり、その機能不全を補完するものとして、悲劇の感覚が必要になるのではないだろうか。第5章でのべたように子どもを存在論的な存在として承認する教育を前提にするなら、教育方法に頼りすぎることもないし、その機能不全を補完するものとしての悲劇の感覚に頼ることもなくなるだろう。もっとも、その場合、教育の概念が、近代教育学の用語法に従うなら、「教育」と呼びたくなるくらい、根本的に異なるものに変わってしまうだろう。

ともあれ、存在論的な存在を語るためには、教育の悲劇性をふくむ生の悲劇性を、存在論的なレベルでとらえなおす必要がある。生の悲劇性という観念の起源が、紀元前にさかのぼるものだとしても、そもそも「悲劇的である」という生の評価自体、どこか近代の臭いがするからである。心のどこかに、人生は自在に操作できるという近代的な思いあがりがあるからこそ、そうできなかったことに落胆し、「人生は悲劇だ」と思ってしまうのではないだろうか。そのような考え方の偏りを取り去ったところに、おそらく「悲劇的」とは形容できないような、生の存在論的な世界が開けてくるはずである。

フォレストガンプとフォイエルバッハ

ロバート・ゼメキス監督のつくった『フォレストガンプ』(1997)という映画がある。そのテーマは人生である。トム・ハンクスが演じる主人公のガンプは、さまざまな人との、そして愛する女性との出会い、別れを経験しながら、「人生は運命に支配されているのか、それとも行き当たりばったりなのか」と問う。人生を彩るものは運命なのか、それとも選択なのか、神の計画なのか、それとも人の行為なのか、唯一の秩序なのか、それとも多くの混沌なのか。ガンプが最後に出した結論は、人生は運命にも支配されているし、行き当たりばったりの偶然の積み重ねでもある、ということだった。

人生を彩るものは、大いなる運命でもあれば、偶然の積み重ねでもある、というガンプの答えは、考えてみれば、古くからある答えの一つである。たとえば、幸運を意味するluckも、不運を意味するfateも、宿命という意味とともに、偶然という意味をもっているからである。たしかに、四〇年くらい生きていると、人は、個人の選択を超えた大きな意志に支配されているのではないか、と思いたくなるような巡り合わせを感じることもあれば、一つ一つの選択の積み重ねが人生を紡いでいるとしみじみと感じることもある。

ちなみに、初期のマルクスに大きな影響を及ぼしたと考えられる、フォイエルバッハの「生態学的」といえるような疎外論も、運命と偶然をめぐる人生論である。フォイエルバッハにとっての「疎外」とは、自然に包まれ、自然に助けられるという、自然と人間との相互扶助関係から、人間が切り離されることであり、その結果、人間がひたすら自己言及的な自己関係性に閉じこめられることである。彼にとって、本来の人間存在は、自然に翻弄される「受苦的存在」(leidendes Wesen) であり、自然に助けられる、いわば「共生的存在」だった。*

＊ フォイエルバッハについては、山之内靖(1982)の『現代社会の歴史的位相』を参照。

フォイエルバッハの考える人生は、したがって、自分を超えたものによる翻弄でもあれば、自分を超えたものによる包容でもある。自分の予想・意図を超えたものに、人はたしかに怯えるが、自分の予想・意図を超えたものは、人を怯えさせるだけではない。それは、思わぬ歓びを人にもたらす。フォイエルバッハは、キリスト教を批判しているが、彼のいう自然には、キリスト教の怒りの神と慈愛の神という両面的な神の姿が、そのまま反映されているのかもしれない。

ともあれ、フォレストガンプの運命かつ偶然も、またフォイエルバッハの受苦かつ共生も、人生は自分の思いどおりにはならないという認識を含みながらも、ギリシア悲劇的な暗さがない。いかなる才能をもってしても、いかなる克己心をもってしても、いかなるテクノロジーをもってしても、いかんともしがたい生の現実があるといいながらも、その現実に懊悩しているように見えない。フォレストガンプにも、フォイエルバッハにも、因果論的な操作の失敗、線分論的な未来の消失、自律的な自己の困難を理解しながら、それをポジティブにとらえかえす概念すなわち偶然と共生が含まれている。いいかえるなら、彼らには、事象を偶有的なものととらえ、存在を共在としてとらえる存在論が含まれている。

存在を感受する

こうしてみると、フォレストガンプも、そしてフォイエルバッハも、ハイデガー的（〈こと〉的）な存在を感受している、と考えられるだろう。ハイデガー的（〈こと〉的）な存在は、生の悲劇性（複雑性）と重なり合いながら、大きく異なっているところがある。ハイデガー的な存在の思想は、生の悲劇性にくらべるなら、ものごとをポジティブにとらえている。〈事象を因果的に処理できない〉といわず〈事象は偶有的な出来である〉という。〈時間を直線的にイメージできない〉といわず〈時間は刹那的な現在である〉という。そして〈自分は自律的になりきれない〉といわず〈自分は他者とともに存在する〉という（第5章参照）。

ハイデガー的（〈こと〉的）な存在を感受することは、私たちの偶有的・刹那的な共在性を、私たち自身が感じとることである（念のためにいえば、この「私たち」のなかには、愛する人だけでなく、愛する犬、愛する猫、場合によっては、愛する蛇、愛する亀が入っている。矢野智司（2000）の『自己変容の物語』の「あとがき」を見られたい）。私たちは、偶有的・刹那的な共在を生きているが、そのような生の現実をそのまま言語化することができない。いいかえるなら、私たちが現に生きているアクチュアルな生は、「アクチュアルな生」として概念化されたものから、根本的にずれている。私たちは、生＝存在を――苦しまぎれの表現であるが――感受することができるだけである。

人がハイデガー的（〈こと〉的）な存在を感受するプロセスは、作田啓一がいうところの「溶解体験」である、といえるかもしれない。というのも、作田のいう「溶解体験」は、自己と世界との区別がなくなり、自己が世界との連続性を取りもどすこと、つまり脱自律化だからである（作田啓一 1980, 1981, 1993）。フロイトの用語を用いていえば、何かに夢中になっているときのような、エロス的な体験も、また世界の無根拠性に激しく怯えるときのような、タナトス的な体験も、「溶解体験」である。それは、矢野智司が指摘しているように、バタイユの「内的体験」に相当するものである（矢野智司 2000: 35）。

作田は、ルソーの『孤独な散歩者の夢想』（*Les Rêveries du promeneur solitaire*. 1782）から、次のようなルソーのエロス的な溶解体験の例を引いている。「私がこころよい思いに沈み、夢見るのは、自分というものを忘れたときなのだ。いわば、万物の体系のなかにとけ込み、自然全体と一体化するとき、私はいいあらわしがたい陶酔を感じ、恍惚を覚える」。たとえば、「寄せては返す水面の波、単調な、しかし時をおいて大きくなるその響きは、休みなく私の耳と眼にふれて、夢想のうちに消えていく内面の運動となり、考える努力をしないでも充分に私の存在を喜ばしく感じさせる」（作田啓一 1980: 154-5）。*

＊ ただし、ルソーのいう「自然」は、「万物の体系」という言葉が使われているように、神の創った完全性の秩序である。そのいみでは、ルソーの「自然」は、フォイエルバッハの「自然」とあまり大きく異なっていない。したがって、作田がいうルソーの「溶解体験」は、世界との溶解体験というよ

りも、神への回帰体験といえるだろう。いいかえるなら、それはハイデガー的な存在の回復ではなく、存在神学的な存在への回帰といえるだろう。ちなみに、あるドイツの教育学者は、この存在神学的な存在への回帰を、どういうわけか、他者との邂逅と見なしている（Benner 1999）。

日本人の私たちには、このようなルソーの溶解体験よりも、「魂振り」（たまふり）の修行のほうがわかりやすいだろう。修験道という日本固有の宗教がある。役小角（えんのおづぬ）が開いたといわれる山岳宗教である。この修験道の修行の一つに、「魂振り」と呼ばれる修行がある。これは、深い山に分け入り、そこで自然と一体になることによって、魂の力を強めることである。それは、作田＝矢野の言葉を借りていえば、自分と自然との「溶解体験」といえるだろう。そして、私たちのよく知っている春の「お花見」は――今ずいぶん様子が変わってしまったが――この魂振りから生まれた風習である。

ハイデガー的な存在を感受するプロセスは、また大森荘蔵のいう「風情」生成のプロセスかもしれない。大森は、音楽を聴いたときの感動、大自然を感じるときの感動、昔親しんだ人にあったときの懐かしさなどを「風情」と呼んでいる。たとえば、「［音楽の］抽象的運動に（高階）知覚される空間的無限が、音楽の感動」であり、昔の人や昔の歌に出逢い、「過去のさまざまな出来事や人びとが湧くように想起され、……むせかえるような過去世界に全身を包まれる」こと、つまり時間的無限を知覚することが、懐かしさである。つまり、風情は、〈有限なもの〉に〈無限なもの〉を知覚することであり、それは、大森によれば、〈有限である〉という知覚のうえに生じる〈無限である〉という知覚であるから、「高階知覚」（メタ知覚）である（大森荘蔵 1996: 241, 246）。

たしかに、大森のいうとおり、知覚はメタ知覚をともなう。たとえば、波の音が心地よく感じられる人もいれば、うるさく感じられる人もいる。梅雨どきの蛙の声を聴いて、季節感を愉しむ人もいれば、嫌悪感を募らせる人もいる。ロックやラップについても、同じことがいえる。音（音楽）を聴くことは、たんに耳で音を聴くことではなく、耳に聴こえる音から意味世界を構築し、そのなかで我を忘れることである。同じように、たとえば、昔の恋人に会って、懐かしく感じることもあれば、逃げ出したくなることもある。小学校時代の同級生に、ぜひ会いたいと思うこともあれば、絶対に会いたくないと思うこともある。過去を思い出すことは、過去の体験をそのまま思い出すことではなく、現在の自分が過去の体験から意味世界を構築し、そのなかに埋没することである。

もっとも、ここで、一言、ことわっておかなければならない。というのも、作田啓一は、私たちが溶解するところの「世界」はどういう世界なのか、語っていないし、大森荘蔵も、私たちが感じる「無限」はどういう無限なのか、語っていないからである。つまり、私たちが溶解する「世界」、私たちが感じる「無限」は、偶有的で刹那的で共在的な世界である、と断言することはできない。私が、たぶんそうだろうと思っているだけである。

子どもは存在を感受しやすい

ともあれ、「溶解体験」や「風情知覚」が、ハイデガー的な存在〈こと〉的な存在）を感受することであると仮定するなら、存在の感受は、子どもにとっては、わりと身近な体験だといえるだろう。作田啓一の「溶解体験」を「生命的接触」と表現している亀山佳明も、子どもは「対象と生命的接触をもちうる能力」に溢れている、と述べている(亀山佳明 2001: 170)。また、大森荘蔵も、子どもはしばしば「対象の知覚風景のうえに乗る風情を現出させようと」する、と述べている(大森荘蔵 1996: 241)。

たしかに、彼らの示唆するとおり、子どもの知覚形態は、大人のそれと違っている。子どもも大人も、基本的に人・物を断片として知覚するが、大人とちがい子どもは、その断片としての人・物に密接にかかわって生きることによって、それらを全体的なもの・無限なものとして体験する傾向にある。たとえば、亀山が述べているように、子どものときにとても広く感じられた道は、大人になって歩いてみると、とても狭く感じられるが、これは、たんに自分の身長が伸びて、視点が高くなったためだけではなく、子どものころには、世界を全体的なもの・無限なものと感じていたからだろう(亀山佳明 2001: 169)。

子どもにとって、存在が身近であることは、彼らのいだく「将来の夢」にも見いだすことができる。保育園にかよう子どもに「将来の夢は」とたずねると、「大好きな友だちと一緒に暮らすこと」とか、「パパと愉しくあそぶこと」といった答えが返ってくる。しかし小学校に入り、学年が上がるにつれて、子どもの答えは「ふつうのサラリーマン」とか、「気楽な専業主婦」といった答えに変わっていく。つまり、学齢段階が上がるにつれて、いささかの諦めとともに、「将来の夢」が存在に密接なものから、機能的に特化されたものに変わっていく。

おそらく、子どもたちは、親の期待に添いながら発達することによって、存在から遠ざかるのだろう（小学校に入っても、存在を感受しつづければ、ＡＤＨＤ（多動性注意欠陥障害）と診断される恐れもある）。子どもが生まれる前、不安でしかたのない親は、「なんとか無事に生まれてくれれば」と願う。しかし、子どもが生まれてしばらくすると、無事に生まれたことへの感謝もそこそこに、「はえば立て、立てば歩めの親心」の俗諺どおり、「早く立ってほしい」「早く歩いてほしい」と思い、すぐに「早く喋ってほしい」「早く字を覚えてほしい」「早くピアノを弾いてほしい」「早く算数の問題をといてほしい」……と思うようになる。つまり、親は、「発達」と呼ばれている機能的特化に、子どもを駆りたてつづける。親が子どもの存在に気づくとき、そして子ども自身が存在をふたたび思い出すときは、子どもが重篤な病気やケガで入院したときだろう。

さて、このように見てくると、教師が教育の悲劇性を耐えしのぶための教育論ではなく、だれもが生の悲劇性（複雑性）、存在の偶有的・刹那的な共在を了解するための存在論が可能である、とわかるだろう。そして、このようなハイデガー的な存在論（〈こと〉的な存在論）がよく理解されてはじめて、他者の個体性を承認することも、関係の冗長性を生きることも可能になる。ハイデガー的な存在論（〈こと〉的な存在論）が、他者の個体性、関係の冗長性を浸食する有用性の思考——「存在神学」——を相対化するからである。繰りかえしておくなら、生の偶有的・刹那的な共在という了解は、他者の個体性、関係の冗長性の前提命題という位置にある。生の偶有的・刹那的な共在を感受することなく、他者の個体性、関係の冗長性をいくら説いてみたところで、それは、結局のところ、たんなるお題目にとどまるだけだろう。

4 ― 驚異の感覚

生きて学ぶために

他者の個体性と関係の冗長性とは、切っても切れない関係にある。他者の個体性は、冗長性に満ちたコミュニケーションのなかで、よく知っていると思っていた相手のイメージを破って唐突に現れるものである。というよりも、よく知っていると思うくらいに相手のイメージができあがっていて、しかもその相手になんらかのポジティブな感情を抱いているときに、その相手の個体性が露わになる。それは、驚きでもあり歓びでもある。

なるほど、他者の言動が自分の予想をはるかに超えていたとき、無力感をいだくこともある。しかし、よく考えてみればわかるように、それは、私たちがその他者を操作し、無意識のうちにかもしれないが、自分の思いどおりにしようと企てているときではないだろうか。いいかえるなら、それは、私たちが相手を道具・モノとして見ているときではないだろうか。

私たちが他者の個体性を歓びとするとき、つまり他者との関係の冗長性を生きているときは、私たちが生の悲劇性（複雑性）をどこかで感じながら、ハイデガー的（〈こと〉的）な存在を感受しているときである。「彼には障害があるから」とか、「彼女には家庭の事情があるから」というふうに、合理的な理由を考えなくても、他者の失敗を責めたてることなく受け入れること、他者の意外なことを嘲ることなく愉しむこと――それは、私たちのみならず、子どもたちが生きて学ぶうえで、もっとも基礎的な条件である。

にもかかわらず、これまでの教育システムは、多くの場合、こうした、子どもたちが生きて学ぶために必要な基礎的な条件を遠ざけてきた。他者の個体性を承認し、関係の冗長性を保全し、生の悲劇性（ハイデガー的な存在）を感受させるような営みの多くは、これまでの教育システムから、完全にというわけではないけれども、排除されてきた。そうした旧来の教育システムを特徴づけてきた概念が、知の確実性であり、学習の主体性である。

確実性の学習、驚異の感覚

確実性の探求は、一八世紀の啓蒙思想以来、近代教育を特徴づける基本的な理念の一つだったが、デューイが『確実性の探求』（1926）において述べているように、それは、たんに近代科学の基本命題であるというよりも、「完全で不動で永遠であるものだけが実在するものであるという」キリスト教神学に支えられた西欧形而上学の基本命題である（Dewey 1926: 21-22）。* こうした確実性の探求という考え方から見るなら、他者の個体性、関係の冗長性、生の悲劇性は、とり除かれるべき誤りであり悪である。

＊　なお、デューイの教育論についての評価は、ポストモダニズム以降、ふたたび高まっているように見える（たとえば、Rorty 1982=1985, 1989; Garrison 1997を参照）。しかし、ハイデガーの存在論をふまえた加藤清による、次のようなデューイ教育論批判は、今も傾聴に値する。「［デューイのとなえる］人間の経験的生長化は、人間の具体的な固有の在り方を、知性的再構成の素材へと道具化する。しかも、連続的再構成を本質とするがゆえに、そこでは、人間のたえざる道具化が遂行されることになる。……教育が、人間のより以上の用在者への生長をめざすとき、用在者としての価値如何が、人間そのものを評価する基準となるだろう。子どもたちが、かかる基準で評価されるとき、知性的生長において劣る子どもは、劣等感にさいなまれ、ある者は知性に媒介されない、直接的な暴力に訴えて反抗するだろう」（加藤清 1983: 93-94）。

しかし、確実性を求めるという態度は、すくなくとも子どもの生長するプロセスにとって後発的なものである。それが始まるのは、子どもが何かを「すごい！」と思い、その真似をしたくなったあとである。模倣行動は、生長プロセスのいわば必要条件であり、これがなければ、生長プロセスそのものが始まらない。精確に古典を暗唱したり、複雑な数学の問題を解いたり、実験によって検証し形式論理を重んじたりすることは、生長プロセスのいわば十分条件であり、これがあって、生長プロセスは一段落する。子どもの生長するプロセスには、まず確実性の学習があるのではなく、まず驚異の感覚に呼びおこされる模倣の学びがある。

子どもは、多くの場合、親が思わず「笑ってしまう」ような、突拍子もない模倣行動に夢中になっていく。それは、子ども自身にとっては、真剣このうえない行為であるが、親から見れば、どんな漫才よりもおもしろい行為である。たとえば、ある二歳の男の子は、テレビで有名な画家が絵を描いている姿に吸い寄せられた。彼は、やにわにクレヨンを取り出して、近くにあったガラス窓に絵を描き始めた。彼は、二〇分近く集中して創作活動を行ったあと、できあがった一メートル四方に及ぶ、シュールな大作をすこし離れたところに立って眺めはじめた。そして、できない腕組みをしながら、満足の笑みを浮かべた。その姿をこっそり見ていた両親は、笑いをこらえるのに必死の思いだった。

今述べたように、子どもは、いきなり確実性を学習しはじめるのではなく、彼（女）がときどきに「すごい！」と思ったことを模倣しはじめるが、このとき、誰が何をいつ「すごい！」と思うのかを予測することは難しいし、予測する必要もない。子どもがそれぞれに「すごい！」と思うことは、まったく子どものセンスにまかせておけばいい。なぜなら、そうするしかないからである。してはならないことは、子どもがそれぞれに「すごい！」と思う機会を誰かがもっともらしい理屈をつけて奪うことである。「すごい！」と思う機会を奪われた子どもが将来立派な職業に就いても、つまらない人間になるだけだろう。

主体的な学習、思わず始まる冗長性のなかの学び

戦後生まれの大人たちは、小学校に入学以来、「主体的に学ぶこと」を勧められてきた。誰にとっても、勉強はいやなものだが、我慢してやっていれば、将来、きっと役に立つよ、と。つまり、

「向上心」「競争心」「克己心」といった、自分自身の強い意志にしたがって、自律的に学習することが大事である、と教えられてきた。

しかし、主体的な学びは、容易に実現しなかった。私たちは、「すごい！」と思うことについては、たしかに自分から学ぼうとしたが、そうでないことがらについては、なかなか自分から学ぼうとしなかったからである。しかも、一般的にいって、学校知のなかに「すごい！」と思うものを見いだすことは、難しかったからである。その結果、私たちは、しばしば強制的に主体的に学ばされるという、奇妙な状態に追いやられてきた。

それに、よく考えてみれば、自分から学ぶことは、主体的に学ぶことでもない。日本には、古くから「習うより慣れろ」という言いまわしがある。また「学び」の語源は「まねび〔真似び〕」であり、「習う」の語源は「ならふ〔倣ふ〕」である。こうした語用法からわかるように、すくなくとも日本語の思考における学びは、対象を〈もの〉として獲得することではなく、生動する〈こと〉――おそらく「すごい！」と思った〈こと〉――を思わずまねること・ならうことである。つまり、本来の学び（模倣の学び）は、自意識の外で勝手にはじまってしまう存在全体の営みであるといういみで、非主体的な営みである。

本来の学びは、したがって〈もの〉を所有したりそれを操作したりするような、自律的・技術的な営みではない。本来の学びは、人が、だれかに教えられるわけでも、自分で意志するわけでもなく、当事者全体として――いいかえるなら、「思わず」「いつのまにか」「われを忘れて」――ある種の環境を触媒としつつ、その環境に収まり、その環境と共生することである。いいかえるなら、本来の学びは、因果的・線分的・自律的な〈もの〉を内面化することではなく、偶有的・刹那的・共在的な〈こと〉に内属することである。

　したがって、本来の学びのコミュニケーションに参加する人は、「教師」、「子ども」という一般名詞に含まれているような代替可能な個人ではなく、この「教師」、この「子ども」という代替不可能な個体である。この人のようになりたいと思うから、この人のもとで、そう思うこの私が学ぶのであり、どんな人なのかわからないままに、なりたくもない人のもとで、やはりだれでもないような顔をした私が学ぶのではない。いいかえるなら、本来の非主体的な学びの在りようから考えるなら、学校に入学して、「どんな人が私の先生になるんだろう?」と不安になったりするのは、とても奇妙なことなのである。

　したがってまた、本来の学びのコミュニケーションに参加する人は、冗長性のある親密な関係を結ぶことになる。そこでは、代替不可能なこの人と、同じように代替不可能なこの私との、たがいに相手を他者として承認する、緊密な結びつきが、形成されるからである。この冗長性のある親密な関係は、端的にいえば、教える人が、学ぶ人の間違いを指摘しながらも、学ぶ人が間違えることを承認する、という可謬的な関係である。いいかえるなら、冗長性のある親密な関係は、学ぶ人が、教える人からの厳しい叱責を承認し受容するために必要な土台である。本来の学びのないところにこの親密な関係という土台を創ろうとしても、それはできない相談である。

教育方法から知のコーディネーションへ

こうしてみると、「すごい！」という感動――驚異の感覚――に発する学びは、いわゆる「教育方法」と、水と油の関係にあるように思われる。学びは、確実性にこだわる教授にうながされる営みでもなければ、主体的な営みでもなく、代替不可能な個体存在の全体的な営みであり、また冗長的な関係のなかでの営みだからである。いわゆる「教育方法」は、基本的に学びが始まったあとに可能になるものであり、学びを始めさせるものではない。つきつめていえば、教授にこだわる教育は、子どもが驚異の感覚とともに自己展開していく学びに、ついていくことができないだろう。

驚異の感覚に導かれる学びは、たちまち増殖し多様に展開していく。子どもたちはそれぞれ、本人にとっての「すごい発見」をしながら、さらに先に進もうとする。まず基礎基本を教えて、次に応用問題をやらせて……といった杓子定規なマニュアル化を、驚きに満ちた学びは平気で無視してしまう。驚異の感覚に導かれる学びは、まさに流体的なダイナミズムである。すぐれた学術的な成果が、傲慢にも見える研究態度から生まれるように、学びは、恣意的な自己運動であり、外部から完全に操作できるものではない。マニュアルとしての教育方法は、学びの自己運動にとって、しばしば邪魔にしかならない。

子どもの学びを保証するうえで、教師の行うべき主要な仕事の一つは、たしかに確実性の学習に子どもを導くことであるが、もう一つのより基礎的で重要な仕事は、すごいものと子どもとの接点をつくること――コーディネーションである。すなわち、子どもと学問・情報・技能との関係をすみやかにつくることである。いいかえるなら、教師は、何らかの教科の専門家であるよりも、はば広い学術・情報・技能の存在を示し、それらにアクセスする方法を示す人でなければならない。教師が、何らかの教科の専門家でなければならないという考え方（ピーク制）は、一斉教授法と同じで、情報テクノロジーがほとんどない場合の考え方である。

もちろん、知のコーディネーターがまったくの素人ではこまる。広く浅くでいいから、子どもの興味関心がおよぶものごとについて、教師は、ポイントをおさえたそれなりの知識をもってなければならない。子どもたちがふれる本物の学問・情報・技能のなかには、きわめて危険なものも含まれているからである。厄介な問題は、どんな知をどこまでアクセス可能にするのか、である、しかし、この問いに一般論的な答えを用意することはできない。それは、個々の教師が、個々の子どもにそくして決めることである。

知のコーディネーターとしての教師の仕事は、しかしこうした消極的なものばかりではない。積極的な仕事もある。それは社会的自立にいたる〈道〉を示すことである。人生の道はいくつもあり、それらはさまざまに交錯しているが、この道に進めばここに行ける、こんなやりがい・生きがいを見つけられる、ということを示すことである。これはいわゆる「進路指導」ではない。これまでの教育システムは、「進路指導」をつうじて、結局のところ、エリートにならなければ達成感も所在感も得られないような、視野のせまい自立の道ばかり示してきた。そのような道に進みたくない子どもにとっては、道はないにひとしかった。

どのような道を意識的に選び、どのような知を系統的に学ぶのか。それは、子ども自身が決めることである。知のコーディネーターのもっとも重要な仕事は、この自己決定を可能にする環境を用意することである。たとえば、大学進学は道そのものではなく、道を選ぶうえの一つの選択肢にすぎないこと、道は進路指導的な選択肢を凌駕する「知りたい！」という知への情動をともなうことを、きちんと示すことである（「それは、結局のところ、子どもを間接的に操作することになるのではないのか」という人がいるかもしれない。そう思う人は、ラッセルのいう「論理階梯」をきちんと勉強しよう）。

佐々木賢が、「子どもや若者の出番を奪っておいて『教育が大切だ』というのは、あたかも、植民地支配者が、支配をそのままにして、『住民を大切にしよう』と呼びかけているのに似ている」と述べている。もっともな意見だと思う。私たちは、彼の次のような言葉を重く受けとめなければならない。「若者が望んでいるのは教育ではなく、出番とやり甲斐と生き甲斐と将来性と裁量権である。だとすれば、［現在進行中の］どの国の教育改革も失敗に終わるだろう」（佐々木賢 2002: 193）。若者だけでなく、子どもであれ、大人であれ、人は、この社会で愉しく生きているという実感、そして、この社会をよりよいものに変えられるという実感を切実に求めている。その実感をもっともらしい理屈で奪っておいて、教育改革をいくら進めても、それこそ無駄である。

最後に、念のために付け加えておくなら、ここで述べた知のコーディネーションによって、いわゆる教育方法がまったくいらなくなる、というわけではない。確実性の教示においては、やはり何らかの教育方法が必要である。ただし、それは、あくまで個々の課題にそくした教示方法である。それは、たとえば、分数の割り算問題の解き方を教師が実際に提示したうえで、子どもに実際にその問題を解かせることであり、問題が解けたら、なぜ解けたのか――すなわち、なぜ分母と分子を入れかえてかけるのか――を子ども自身に説明させることである。

しかし、すぐれた教示方法によって、子どもの学びが加速されることはあっても、個々の人生を開くような学びが、すぐれた教示方法によって生みだされることはないだろう。たしかに、すぐれた教示方法のおかげで逆上がりや因数分解ができるようになることは愉しいが、多くの子どもにとって、逆上がりや因数分解ができるようになっても、自分自身の人生は開けてこないからである。これまで述べてきたように、人生の自己決定につながる本来の学びを可能にするものは、子どもそれぞれに固有な驚異の感覚であり、この驚異の感覚をささえるものは、他者の個体性を承認し、関係の冗長性を確保する環境全体である。

〈文献表〉

大森荘蔵　1996『時間と自我』青土社。
亀山佳明　2001『子どもと悪の人間学――子どもの再発見のために』以文社。
加藤清　1983『新しい教育哲学――存在からのアプローチ』勁草書房。

河合隼雄　2002　「母親から子どもへの虐待と心理療法」『現代思想』30(4): 66-69.

作田啓一　1980　『ジャン―ジャック・ルソー――市民と個人』人文書院。

作田啓一　1981　『個人主義の運命』岩波書店。

作田啓一　1993　『生成の社会学をめざして』有斐閣。

佐々木賢　2002　「教育ネオ・リベラリズムの正体」『現代思想』30(5): 180-193.

森重雄　1992　「現代教育の基本構造」田子健編『人間科学としての教育学』勁草書房。

矢野智司　2000　『自己変容という物語――生成・贈与・教育』金子書房。

山下和美　2000　『天才柳沢教授の生活』第一六巻　講談社。

山之内靖　1982　『現代社会の歴史的位相』日本評論社。

*

Alford, C. Fred　1992　"Responsibility without Freedom: Must Antihumanism be Inhumane? Some Implications of Greek Tragedy for the Post-modern Subject," *Theory and Society* 21: 157-181.

Benner, Dietrich　1999　"'Der Andre' und 'Das Ander' als Problem und Aufgabe von Erziehung und Bildung," *Zeitschrift für Pädagogik* 45(2): 315-327.

Burbules, Nicholas C.　1986　"A Theory of Power in Education," *Educational Theory* 36(2): 95-114.

Burbules, Nicholas C.　1990　"The Tragic Sense of Education," *Teachers College Record* 91(4): 469-479.

Burbules, Nicholas C.　1995　"Authority and the Tragic Dimention of Teaching," J. Garrison and A. G. Rud, eds., The *Educational Conversation*. New York: SUNY Press.

Burbules, Nicholas C.　2000　"Aporias, Webs, and Passages: Doubt as an Opportunity to Learn," *Curriculum Inquiry* 30(2): 171-187.

Burbules, Nicholas C. and Densmore, Kathleen 1997 "The Limits of Making Teaching a Profession," *Educational Policy* 5(1): 44-63.

Cretue, Michael 1996 "Odyssey of the Mind," Enigma's *Le Roiest Mort, Vive le Roi,* London: Virgin Schallplatten.

Dewey, John 1926 *The Quest for Certainty: A Study of the Relation of Knowledge and Action*. New York: Putnam.

Garrison, James W. 1997 *Dewey and Eros: Wisdom and Desire in the Art of Teaching*. New York: Teachers College Press.

Hook, Sydney 1974 *Pragmatism and the Tragic Sence of Life*. New York: Basic Books.

Nietzsche, Friedrich 1967- "Die Geburt der Tragödie," (1872) *Nietzsche Werke: kritische Gesamtausgabe,* Bd.1. Hrsg. von Colli, Giorgio und Montinari, Mazzino. Berlin and New York: Walter de Gruyter. = 1974 西尾幹二訳『悲劇の誕生』中央公論社。

OCR 1959-69 *Oeuvres complètes de Jean-Jacques Rousseau*. 5 vols. Paris: Gallimard.

Rorty, Richard 1982 *Consequences of Pragmatism: Essays 1972-1980*. Minneapolis: University of Minnesota Press. = 1985 室井尚ほか訳『哲学の脱構築――プラグマティズムの帰結』御茶の水書房。

Rorty, Richard 1989 "Education, Socialization, and Individuation," *Liberal Education* 75(4): 1-8.

Rosenthal, R., and L. Jacobson 1968 *Pygmalion in the Classroom*. New York: Holt, Rinehart and Winston.

Rousseau, Jean-Jacques 1969(1762) *Émile, ou de l'éducation,* in OCR, Vol.4 = 1962 今野一雄訳『エミール』(上・下) 岩波書店。

Steiner, George 1980 *The Death of Tragedy*. New York: Oxford University Press. = 1995 喜志哲

雄・蜂谷昭雄訳『悲劇の死』筑摩書房。
Selzer, Richard 1970 *Mortal Lessons: Notes on the Art of Surgery*. New York: Simon and Schster.
White, Hayden 1973 *Metahistory: The Historical Imagination in Nineteenth Century Europe*. Baltimore: Johns Hopkins University Press.

〈初出一覧〉すべての初稿に大幅に手を入れている。

序　論　書き下ろし

第1章　「教師の二重モード――代理審級、事後心象、そして虚構の時代」(教育哲学会編『教育哲学研究』 1997) "Dual Modes of Teachers: Quasi-instance, Afterimage, and Fictional-era."

第2章　「教育的コミュニケーションの転回――ヴィトゲンシュタインとルーマン」(未発表論文 2000) "Turn of Educational Communication: Wittgenstein and Luhmann on Learning."

第3章　「冗長性のコミュニケーション――ルーマン・教育理論・ポストモダニティ」(教育思想史学会編『近代教育フォーラム』No. 10, 2000) "Communication of Redundancy :Luhmann, Educational Theory, and Postmodernity."

第4章　「いなくなった他者――匿名になると、なぜ暴力的になるのか?」(調布市北公民館主催「遊学塾」講演資料 2001、東京学芸大学教育学研究室編『教育学研究年報』No.10, 2001) "Disappearence of Others: Why People Be Violent, When They Be Anonimous ?"

第5章　「他者への教育――ニヒリズムを反転させる脱構築」(教育思想史学会編『近代教育フォーラム』No.11, 2002) "Educating Tout Autre: Acceptance of Aporia."

第6章　書き下ろし

著者略歴

1958年　山口県光市に生まれる。
1990年　早稲田大学大学院文学研究科博士後期課程単位取得満期退学。博士（教育学、東京大学）。
現　在　東京大学大学院教育学研究科教授。教育思想史・教育臨床学専攻。
著　書　『〈近代教育〉の社会理論』（共編著、勁草書房 2003）、『教育学がわかる事典』（日本実業出版社 2003）、『教育人間論のルーマン――人間は〈教育〉できるのか』（共編著、勁草書房 2004）、『臨床哲学がわかる事典』（日本実業出版社 2005）、『キーワード　現代の教育学』（共編著、東京大学出版会 2009）、『教育思想のフーコー――教育を支える関係性』（勁草書房 2009）、『社会性概念の構築――アメリカ進歩主義教育の概念史』（東信堂 2009）、『学びを支える活動へ――存在論の深みから』（編著、東信堂 2010）など。

他者の喪失から感受へ
近代の教育装置を超えて　［教育思想双書 1］

2002年10月20日　第1版第1刷発行
2011年 3 月25日　第1版第2刷発行

著 者　田《た》中《なか》智《さと》志《し》

発行者　井 村 寿 人

発行所　株式会社　勁《けい》草《そう》書 房

112-0005 東京都文京区水道2-1-1　振替 00150-2-175253
（編集）電話 03-3815-5277／FAX 03-3814-6968
（営業）電話 03-3814-6861／FAX 03-3814-6854
総印・青木製本

ISBN978-4-326-29873-0　Printed in Japan

教育思想史学会編　教育思想事典　A5判　七五六〇円

松下良平　知ることの力　心情主義の道徳教育を超えて　〔教育思想双書2〕　四六判　二五二〇円

田中毎実　臨床的人間形成論へ　ライフサイクルと相互形成　〔教育思想双書3〕　四六判　二九四〇円

石戸教嗣　教育現象のシステム論　〔教育思想双書4〕　四六判　二八三五円

遠藤孝夫　管理から自律へ　戦後ドイツの学校改革　〔教育思想双書5〕　四六判　二六二五円

西岡けいこ　教室の生成のために　メルロ＝ポンティとワロンに導かれて　〔教育思想双書6〕　四六判　二六二五円

樋口聡　身体教育の思想　〔教育思想双書7〕　四六判　二六二五円

吉田敦彦　ブーバー対話論とホリスティック教育　他者・呼びかけ・応答　〔教育思想双書8〕　四六判　二六二五円

高橋勝　経験のメタモルフォーゼ　〈自己変成〉の教育人間学　〔教育思想双書9〕　四六判　二六二五円

田中智志　教育思想のフーコー　教育を支える関係性　四六判　三一五〇円

＊表示価格は二〇一一年三月現在。消費税は含まれております。